TERRORISTES

www.editions-jclattes.fr

Marc Trévidic

TERRORISTES

Les sept piliers de la déraison

JC Lattès

DU MÊME AUTEUR

Au cœur de l'antiterrorisme, JC Lattès, 2011

Ouvrage publié sous la direction de Muriel HEES.

Maquette de couverture : Atelier Didier Thimonier
Photo de la bande : © Benjamin Decoin

ISBN : 978-2-7096-4294-1

Première édition janvier 2013.

AVANT-PROPOS

Pourquoi ? De toutes les questions que nous nous posons sur le terrorisme, elle est la première qui vient à l'esprit quand un attentat se produit. Les victimes et leurs proches se la posent avec exigence, détermination, espoir et parfois résignation. La société française dans son ensemble se la pose également, en oubliant à quel point c'est un luxe de s'interroger encore ainsi. Dans des pays comme l'Irak ou le Waziristan, plus personne ne se demande pourquoi une bombe explose. C'est devenu aussi habituel que de voir la pluie tomber.

Pour tenter d'apporter quelques éléments de réponse à une interrogation aussi complexe, j'ai choisi de traiter sept thèmes qui m'ont paru éclairer l'actualité du terrorisme islamiste, en la replaçant dans l'évolution d'un phénomène débuté il y a maintenant plus de trente ans. Une approche théorique m'a cependant semblé insuffisante. Certes, quel que soit le désir de neutralité de l'auteur, il aborde nécessairement un tel sujet avec le prisme de la théorie. Il entre dans la grande histoire du terrorisme faite de géopolitique, de stratégies, de calculs, d'intérêts économiques et de luttes de pouvoir. Mais les petites histoires du terrorisme, celles faites de chair et de sang, nous en apprennent plus que les grands discours, surtout si l'on prend en compte le regard des différents acteurs. Le prisme unique est remplacé par un kaléidoscope. Les questions sont alors envisagées selon des points de vue différents, et le tableau d'ensemble est à la fois plus riche et moins abstrait.

Pour sortir d'une présentation dogmatique et désincarnée de l'évolution du terrorisme islamiste, j'ai donc tenté d'illustrer les thèmes abordés par des récits qui puisent leur source dans les petites histoires du terrorisme. Pour l'épilogue de ce livre, j'ai choisi de réduire la partie théorique à sa plus simple expression, car la nouvelle qui l'illustre constitue de loin la meilleure définition du terrorisme que j'aie jamais trouvée.

POURQUOI LE « JIHAD INDIVIDUEL » FAIT-IL PEUR ?

Les Français en savaient beaucoup sur Al Qaida, ces étranges barbus du bout du monde, la voix sereine de Ben Laden, le bras de fer avec l'Amérique. Ils étaient prévenus contre les ennemis de l'extérieur. De temps en temps, on leur parlait des répercussions possibles sur notre territoire, de l'état de la menace, forcément élevé. Le plan Vigipirate était rouge en permanence. Parfois, le rouge voisinait l'écarlate.

Le 11 septembre 2010, le patron de la Direction centrale du renseignement intérieur, Bernard Squarcini, de façon très inhabituelle, annonça aux Français que, cette fois-ci, ce n'était plus pour rire. Quelques barbus débarquaient chez nous pour nous faire mal, très mal. Nous étions selon lui « au même niveau de menace qu'en 1995 », juste avant le début de la campagne d'attentats.

Celle-ci avait commencé par l'assassinat à Paris, le 11 juillet 1995, d'Abdelbaki Sahraoui, l'imam trop modéré de la mosquée de la rue Myrha. En 2010, des informations vraies ou fausses provenant de services extérieurs laissaient craindre une répétition de l'histoire. Le ministère de l'Intérieur décida de mettre sous protection la figure de l'islam de France la plus modérée et la plus connue, le recteur de la Grande Mosquée de Paris, Dalil Boubaker. Ainsi l'illusion était parfaite : nous étions de nouveau en 1995. Et le ministre de l'Intérieur, Brice Hortefeux, prit le relais. Oui, la menace terroriste était réelle. Oui, Bernard Squarcini avait raison de dire que « tous les clignotants étaient dans le rouge ». Effectivement, il était particulièrement à craindre que l'Aqmi (Al Qaida au Maghreb islamique) envoie un commando en France. L'émir de l'Aqmi, Abdelmalek Droukdal, ne nous avait-il pas menacés avec une vigueur inhabituelle lorsque son groupe avait subi de lourdes pertes, lors de la tentative de libération, en juillet, de l'otage français Michel Germaneau ? Affirmant que cet assaut, responsable de la mort de l'otage, était intervenu par traîtrise alors que des négociations étaient en cours, l'émir avait été particulièrement explicite : « Vous avez manqué une occasion et vous avez ouvert la porte de l'horreur pour vous et votre pays. »

L'enlèvement de cinq Français au Niger dans la nuit du 15 au 16 septembre 2010 prouva que Droukdal ne se contentait pas de paroles.

L'Aqmi pouvait agir au Sahel mais était-ce aussi le cas sur le territoire français ? En cet automne 2010, là résidait toute la question. L'État avait donc décidé, par la bouche de Bernard Squarcini et de Brice Hortefeux, d'informer les Français de l'état de la menace, selon les avis les plus complaisants, d'agiter le chiffon rouge, selon les commentateurs plus sceptiques. Il y eut en tout cas un effet « chiffon rouge » indéniable. À force de faire le parallèle avec la situation du début de l'été 1995, nous eûmes notre lot de coups de téléphone anonymes. La station RER Saint-Michel, toujours elle, était visée. Puis il y eut des alertes sur la tour Eiffel. C'est dire le peu d'originalité de nos mauvais plaisantins téléphoniques. À plusieurs reprises, les touristes qui piétinaient au pied de la Dame de Fer furent évacués prestement. Ceux qui s'apprêtaient à y monter n'avaient plus qu'à reprendre, deux heures plus tard, la file d'attente de zéro. Pour parfaire le tableau, une jeune femme kamikaze, évidemment toute de noire vêtue, errait soi-disant dans les rues de Paris à la recherche d'une cible dont on ignorait à peu près tout. Les services spécialisés et les démineurs n'en pouvaient plus. C'était le revers de la médaille ; mais du côté de la communication, c'était sans risque. Nos gouvernants avaient décidé de communiquer, non sur du vent, comme certains le prétendaient, mais sur une donnée réelle, avec un certain opportunisme politique. La menace existait. Elle était quelque peu instrumentalisée, voilà tout. Le gouvernement ne faisait pas peur avec du vent : il se plaçait dans le sens du vent. Tout était vrai ou aurait pu l'être, ce qui revient au même en termes de menaces. Et puis, si rien ne se passait, il était toujours bon d'avoir pris les Français pour des gens responsables, capables d'écouter et de comprendre.

Insister sur l'intensité de la menace présentait un autre avantage. Cela permettait de jouer les « Big Brother », de rappeler à nos concitoyens que l'État veillait, qu'il avait été remarquablement efficace toutes ces années pour lutter contre la menace terroriste. Ne mettions-nous pas en échec un à deux attentats par an depuis 1997 ? Le dernier attentat islamiste meurtrier sur le sol français ne datait-il pas du 3 décembre 1996 ? Ce jour-là, quatre personnes avaient trouvé la mort dans l'explosion d'une rame du RER à Port-Royal. Depuis, nous cherchions les coupables. Quelque chose avait dû nous échapper.

Mis à part cet échec de 1996, l'intégrité du territoire avait été sauvegardée et Bernard Squarcini était bien fondé à le rappeler. Nous étions les meilleurs et quelques cocoricos ne pouvaient pas faire de mal. Mais, comme il était lucide, comme nous étions lucides, il fallait préparer des lendemains qui ne chanteraient pas. Axer une politique sur la sécurité de nos concitoyens, objectif évidemment louable, présentait un inconvénient majeur : devoir rendre des comptes si celle-ci n'était plus assurée. Or, en matière d'antiterrorisme, les lois de la statistique et de la fatalité devaient reprendre leur droit un jour ou l'autre. Cela, tout le monde le savait. Et plus nous entrions dans un univers incertain, imprévisible et plus nous étions exposés. Pouvions-nous éternellement passer au travers des gouttes, éviter un ou deux attentats par an ? Pouvions-nous avoir toujours de la chance ? Et nous en eûmes ! Plus d'une fois. Nous étions efficaces, certes, mais aussi chanceux, car l'équipe adverse avait quelquefois tiré sur la barre transversale. Cependant, on restait dans un univers encore maîtrisable. La partie d'échecs avait ses règles. Le fou de dieu ne se déplaçait qu'en diagonale, jamais en ligne droite : ses coups étaient prévisibles. Oui, nos terroristes agissaient toujours de la même façon. D'abord, il leur fallait une bombe. Pas d'engin explosif, pas d'attentat terroriste. Et puis, surtout, prendre une cible symbolique. Nos apprentis terroristes discutaient à l'infini de l'engin explosif le plus approprié, de la cible la plus adéquate. Et nous les écoutions. Nous les écoutions changer d'avis, hésiter pendant un an, deux ans. Ils étaient parfois nombreux, avaient des contacts dans plusieurs pays, faisaient des allers-retours en Belgique, en Allemagne, en Angleterre. Tous les services spécialisés les surveillaient et se passaient les infos. C'était un jeu de société dont nous distribuions les cartes. Nous tenions la banque et maîtrisions la case prison. Rien ou presque ne nous échappait. Certains de nos clients auraient pu déclarer leur association de malfaiteurs terroriste à la préfecture que nous n'aurions pas été mieux renseignés. Nous étions si rodés à la chose, si habitués à travailler sur leurs communications, leurs déplacements, leurs recherches Internet, leurs rendez-vous trop peu secrets. Bientôt, nous pûmes entrer chez eux, dans leur voiture, presque dans leur cerveau, par micros interposés. Les écoutes de leurs lignes fixes, de leurs portables, la surveillance de leur connexion Internet, leur géolocalisation ne nous suffisaient plus. Nous en vînmes à sonoriser leurs appartements, leurs garages, leurs voitures, leurs ordinateurs.

Plus le groupe était important, plus c'était amusant. On faisait de grands tableaux où l'on positionnait nos cibles selon leur influence. Le chef était en haut, bien sûr, avec sa photo, prise à la sortie de son domicile grâce à un zoom impressionnant. En dessous, ses fidèles lieutenants. Et puis la troupe. À force de surveillances, nous arrivions, avec le temps, à savoir qui faisait quoi, qui commandait qui, qui était hésitant, qui était déterminé, qui était armé, qui habitait où, qui allait voir qui. Un jour, on décidait de taper. C'était mûr. Les fruits pouvaient tomber de l'arbre et nous étions là pour les ramasser.

C'était le bon vieux temps. Tout cela s'expliquait, se construisait, sans réelle surprise. Certes, nous faisions quelques erreurs d'analyse sans gravité. Nous découvrions que le vrai chef n'était pas celui que l'on croyait, que le gros dur était un mou qui se déballonnait au bout de quelques heures de garde-à-vue, alors que l'indécis nous faisait tourner en bourrique. Il y avait de l'âme dans la lutte antiterroriste, de vrais adversaires. C'était un combat que nous avions pris l'habitude de gagner. Nous n'avions jamais l'impression d'être dépassés.

Certes, il y eut le 11-Septembre. Certes, il y eut beaucoup de morts et de blessés à Djerba, Bali, Madrid, Ryad, Jakarta, Londres ou Casablanca. Ces attentats faisaient mal mais n'avaient pas touché le territoire français, notre sanctuaire hexagonal. Ils faisaient partie de la logique de guerre antiterroriste. L'ennemi était puissant ; il était normal qu'à l'échelle de la planète, il occasionne quelques dégâts. C'était même indispensable pour que la lutte antiterroriste continue, pour qu'elle soit prise au sérieux, afin que le Sénat américain débloque des milliards de dollars pour contrer cette seule menace – et surtout pour que la photocopieuse de la galerie Saint-Éloi, qui abrite les juges antiterroristes, soit réparée avant les autres photocopieuses du palais de Justice de Paris. Malgré des attentats spectaculaires, la situation restait sous contrôle. Les choses demeuraient compréhensibles. Al Qaida avait un visage, celui d'Oussama Ben Laden, des objectifs affichés, des moyens à peu près connus.

Oussama Ben Laden a été tué et Al Qaida a semblé se dissoudre, éclater. Notre ennemi n'avait plus de visage, plus d'âme, et pis encore, plus de prévisibilité. Au Sahel, ça devenait n'importe quoi. On voyait des touaregs frayer avec des jihadistes, un Mali exploser en miettes, des prises d'otage sans revendication politique, du mercantilisme de bandit de grand chemin, des ennemis d'hier en Libye, en Tunisie, en Égypte ou en Syrie devenir temporairement des islamistes fréquentables. On en venait presque à regretter Oussama.

De plus, la vérité avait éclaté en plein jour : le double jeu d'une partie des services pakistanais au centre du réseau terroriste et l'impossibilité de résoudre la situation en Afghanistan, tant que le Pakistan serait un ami si peu fiable. Le monde occidental annonça son retrait d'Afghanistan et cette perspective donna des ailes aux taliban. Ils se voyaient déjà, non sans raison, de nouveau maîtres de Kaboul.

Avions-nous fait tout cela pour rien ? Impossible à dire, impossible à prédire. Plus rien n'était prévisible.

Et nous n'avions encore rien vu. Le monde terroriste commença à rapetisser. Les groupes se faisaient de plus en plus petits, pas encore invisibles mais presque. Il nous fallut des loupes de plus en plus puissantes. Aurions-nous bientôt à utiliser des microscopes pour observer de micro-groupes ? Nous en discutions déjà entre nous, entre magistrats, avec les services spécialisés. Nous réinventions le mot « groupuscule ». Il y avait du « Mohamed Merah » dans l'air. Nous étions inquiets car nous n'étions pas habitués à l'infiniment petit. Ce n'était pas une généralité mais sans aucun doute une tendance bien affirmée. Certains de nos dossiers se terminaient comme ils avaient commencé, avec une bien maigre moisson, pas plus de trois ou quatre prévenus à se mettre sous la dent. Dans certains cas, le spectacle reposait sur un unique prévenu. Ce fut le cas d'Adlène Hicheur, physicien nucléaire franco-algérien qui travaillait au Centre de recherche nucléaire de Genève. La Justice lui reprochait d'avoir entretenu une correspondance active et explicite sur Internet avec un membre de l'Aqmi en Algérie en 2009. Ce dossier était typique de la réduction de l'association de malfaiteurs terroristes à sa plus simple expression. Ils étaient deux. L'un comparaissait devant un tribunal et l'autre était une ombre informatique.

Mars 2012 : coup de tonnerre. Cette fois-ci nous y sommes. Il fallait bien que ce jour arrive de nouveau. Plonger dans l'horreur du terrorisme, dans toute sa brutalité. Nous savions que ce jour reviendrait mais ne savions pas quelle forme prendrait l'horreur. Serait-ce dans le métro, dans un avion, dans une rue ? Serait-ce un attentat kamikaze, un attentat unique ou une campagne de terreur ? Quelles seraient les cibles ? Serions-nous à la hauteur, compétents, réactifs ? Pendant toutes ces années, nos efforts s'étaient concentrés sur cette menace bien connue. Nous n'avions presque fait que cela, surveiller ceux qui partaient en terre étrangère s'entraîner ou faire le Jihad. Nous savions que le départ de Français, d'étrangers résidant en France ou de résidents européens vers des camps de la mouvance Al Qaida était la menace la plus sérieuse. Pas un seul policier de la Direction centrale du renseignement intérieur, de la Sous-direction antiterroriste ou de la Section antiterroriste de la Brigade criminelle qui n'y eût pensé, pas un seul juge ou procureur antiterroriste. Tous, nous envisagions cette menace.

Tous, nous avions peur du solitaire, de l'auto-entrepreneur. Mais cette crainte était théorique. Nous n'avions pas vraiment peur. Nous jouions plutôt à nous faire peur. Désormais, nous avions peur pour de bon. L'assassinat d'un militaire à Montauban, les meurtres de militaires à Toulouse n'avaient pas semé la panique. Les victimes étaient trop ciblées, trop spécifiques pour que chacun se sente menacé. Les actes n'étaient pas aveugles. La population française n'était pas visée de façon indifférenciée.

Ce fut après le meurtre de trois enfants et d'un enseignant que la France fut terrorisée. Et depuis la peur subsiste. Elle a du mal à s'éteindre. Et si ça recommençait ? Car il y eut de l'incompréhension, des « pourquoi », beaucoup de « pourquoi ». Pourquoi ce Français détestait-il la France au point d'assassiner des militaires français ? Pourquoi ce jeune homme détestait-il l'humanité au point de tuer de jeunes enfants ? Pourquoi ce délinquant, qui ressemblait à n'importe quel délinquant, était-il parvenu à nous duper ? Cette dernière question était de loin, de très loin, la plus préoccupante.

Que Mohamed Merah détestât la France et voulût la faire souffrir était une évidence. Mais il n'y avait là qu'un peu d'écume recouvrant une lame de fond, un courant souterrain, froid et profond. Un courant prêt à emporter les frontières, trancher dans notre histoire de France, décapiter Marianne. Une lame de fond qui lacérait impitoyablement l'idée même de « l'État-Nation ».

Nous en sommes là. Mohamed Merah a montré aux Français ce qu'un Français pouvait faire à la France. Mais cela, nous le savions déjà. Nous savions que le radicalisme religieux interdisait l'appartenance nationale et conduisait à la violence. Nous savions que, pour quelques fanatiques, il n'y avait plus de frontières et de pays. Il n'y avait plus que l'islam et la Oumma islamique, la communauté des croyants. Si ce n'est qu'un savoir intellectuel n'a pas la force du ressenti, de la connaissance charnelle de la souffrance.

De l'autre côté de l'Atlantique, les États-Unis étaient également confrontés au « terrorisme domestique », à une prolifération des petits groupes composés d'Américains ou de résidents américains qui détestaient l'Amérique. Le pays s'était protégé du terroriste envahisseur, de l'ennemi extérieur. Prendre l'avion pour rejoindre les États-Unis était devenu un cauchemar. Les formalités de visa, les heures d'attente, les chaussures enlevées, les questionnaires interminables, les scanners corporels, la sensation de n'être jamais certain de partir, les avions annulés ou retardés pour cause d'homonymie mal venue et tout cela, commencions-nous à pressentir, en pure perte. Tout cela n'empêcha pas des actions terroristes aux États-Unis car l'ennemi n'était plus seulement extérieur mais intérieur. Certes, il s'agissait d'actions décousues, isolées, de quelques individus qui s'étaient radicalisés sur Internet, de quelques musulmans qui avaient franchi la ligne rouge, porté atteinte à ce que les Américains ont de plus précieux : le patriotisme.

C'était nouveau et catastrophique. L'Amérique était née d'un fort sentiment patriotique qui surpassait tout, les origines, les couleurs, les langues. On pouvait être chinois, italien, irlandais, espagnol, anglais, pakistanais, blanc ou noir et se sentir américain par-dessus tout. L'Amérique, miracle permanent, faisait de tous des Américains. Et pourtant toutes les religions étaient présentes, des plus conventionnelles aux plus extrêmes. Et pourtant la plus discrète était de loin la religion musulmane. Après le 11-Septembre, la discrétion devint une règle absolue. Il n'y avait aucun affichage, aucun prosélytisme religieux, aucun mouvement profond de protestation par rapport à une situation cependant peu enviable. L'essentiel était d'être américain, de se sentir américain, d'aimer son armée, d'avoir un petit drapeau étoilé sur le cœur.

Le pays le plus patriotique du monde, toutefois, ne fut pas à l'abri bien longtemps de la dilution du sentiment national dans le sentiment religieux. Des jeunes musulmans américains se considérèrent soudain comme des musulmans avant de se considérer comme des Américains. Plus encore, ils étaient des musulmans *au lieu* d'être des Américains. Le paroxysme survint au cœur même de l'armée américaine le 5 novembre 2009, quand le commandant Nidal Malik Hasan, psychiatre militaire, déchiré entre son appartenance à l'armée américaine et son identité musulmane retrouvée, tua treize militaires et en blessa quarante-deux autres sur la base américaine de Fort Hood, au Texas. Il ne supportait pas l'idée d'être envoyé en Afghanistan. Il ne le pouvait pas. Certes, il était américain. Certes, il était soldat. Mais il était avant tout musulman. Il résolut son déchirement intérieur en tirant. Peut-être aurait-il trouvé une autre solution s'il ne l'avait cherchée sur Internet, s'il ne s'était abreuvé aux sermons sulfureux de l'imam américano-yéménite Anwar Al Awlaki ? C'était un Américain comme lui, élevé au jus de l'Amérique, qui avait fui sa seconde patrie pour rejoindre le Yémen, la terre de ses ancêtres, et devenir un poison pour les États-Unis.

L'exemple du commandant Nidal Malik Hasan est hautement symbolique : il s'agissait d'un soldat américain et donc d'un défenseur de l'Amérique. Il n'avait pas inventé le « *Home made* terrorisme ». D'autres l'avaient fait avant lui, comme Shahawar Siraj et James Elshafay qui avaient semble-t-il projeté, dès l'année 2004, de poser des charges explosives sous le centre commercial de Manhattan, depuis la station de métro la plus fréquentée de New York, le Herald Square. Il y avait eu également la même année le départ pour le Jihad en Afghanistan, là où combattait l'Amérique, de deux musulmans états-uniens si bien intégrés qu'ils comptaient parmi ces symboles de la « réussite » à l'américaine. Comment expliquer, comment comprendre, que Sayed Hashmi, diplômé en sciences politiques de l'université de Brooklyn, et Muhammad Babar, sorti sous-lieutenant de l'Académie militaire d'Oackdale à Long Island, aient voulu s'en prendre à l'Amérique ? Quelle flamme intérieure, quel parcours amenèrent en 2009 le jeune Pakistano-Américain Najibullah Zazi à planifier un attentat dans le métro de New York ? Quelle fut la motivation de Faisal Shahzad qui tenta en mai 2010 d'ensanglanter Time Square avec une voiture remplie d'explosifs ? Lui aussi s'était nourri au miel fielleux d'Anwar Al Awlaki. Et puis il y eut « retour à Fort Hood », un vrai scénario à la John Ford, John Wayne en moins. Le soldat de première classe Naser Jason Abdo voulait renouveler « l'exploit » du commandant Nidal Hasan. Pourtant, l'Amérique avait tiré les leçons de la précédente tuerie. Naser Abdo s'était vu octroyer le statut d'objecteur de conscience. Il ne serait pas envoyé en Irak ou en Afghanistan puisqu'il était musulman. Qu'à cela ne tienne ! Il résolut de construire un engin qui devait exploser dans un restaurant chinois, en face de l'entrée principale du camp de Fort Hood, où les soldats américains aimaient venir améliorer l'ordinaire. Il n'était cependant pas question de cuisine chinoise dans le fascicule que transportait Naser Abdo. C'était un livre de recettes tout autres : *How to build a bomb in the kitchen of your Mom ?*

Chez nous, il y eut Mohamed Merah. Il serait presque passé inaperçu s'il avait échoué, comme beaucoup d'autres avant lui. Il n'était pas le premier à ne plus se sentir français. Il n'était pas le premier à considérer que l'important était d'être un « bon » musulman et que la patrie, la nationalité, ne voulaient rien dire. Beaucoup de jeunes musulmans français, comme partout en Europe ou aux États-Unis, avaient depuis longtemps renoncé intellectuellement à une quelconque appartenance nationale. Seule comptait la solidarité entre musulmans. S'il n'y avait plus de patrie, il y avait une Oumma islamique pour laquelle il fallait se battre et si possible mourir.

Depuis le début des années 1990, les services antiterroristes les avaient vus partir pour la zone pakistano-afghane, la Bosnie, l'Algérie, la Tchétchénie, la Somalie, le Yémen, l'Indonésie, l'Irak. Un peu partout en Occident, et en France particulièrement, de nombreux musulmans intégristes ne se sentaient plus chez eux nulle part. Ils ne se sentaient plus français mais ils l'étaient tout de même. Ils étaient avant tout musulmans, mais dans une version originelle qui déplaisait fortement à la majorité de la communauté musulmane. Ils n'étaient pas bien vus en France, pas bien vus dans la rue et pas bien vus dans la plupart des mosquées. Mais ils étaient certains d'avoir raison, de suivre le droit chemin, celui du Coran et de la Sunna[1], sans altération, sans innovation, même si cette route sur la trace des Salafs[2] ne menait à rien sur cette terre.

1. Sunna : l'ensemble des paroles et des actes du Prophète.

2. Les Salafs sont les ancêtres. Ce mot désigne les compagnons du Prophète et les deux générations suivantes. Le Salafisme (ou la Salafiya) est le nom donné au courant de l'islam qui préconise le retour aux sources, à l'application sans innovation des textes sacrés. Le Salafisme se heurte aux réalités de la société moderne, à la difficulté de s'en tenir au Coran et aux dires du Prophète dans un monde en constante évolution.

À défaut de mener à quelque chose en ce bas monde, il leur restait du moins la perspective du Firdaws[1], le paradis des moudjahidin.

Dans un passé pas si lointain, tous ces jeunes désœuvrés en quête d'absolu auraient été heureux de mourir pour la France. Aujourd'hui, ils ne veulent mourir que pour l'islam, et pas n'importe lequel. La problématique a dépassé le combat habituel contre Al Qaida, les groupes terroristes internationaux, la lutte contre « les forces du mal ». Maintenant, l'idéologie est dans nos cuisines, dans nos cours, dans les cœurs et les âmes. Cette idéologie n'a pas d'exclusive. Elle ne s'en prend pas qu'aux individus isolés, en mal-être, aux loulous multirécidivistes. Elle ne s'en prend pas qu'aux « Mohamed Merah ». Elle parvient à convaincre des ingénieurs, des médecins, des apprentis-boulangers et même des « Français de souche », puisqu'il paraît que cela existe. Le socle idéologique, cependant, n'est pas si solide. Les fondations ont parfois été bâties à la va-vite. Les « Mohamed Merah » sont souvent composés à 80 % de goût pour les armes et la guerre et à 20 % d'idéologie extrémiste. Mohamed Merah ne fut pas le premier à avoir souhaité d'abord s'engager dans la Défense, bataillons traditionnels ou légion étrangère. Dans nos dossiers terroristes, nous en vîmes beau-

1. Le Firdaws est le paradis réservé aux justes. Les martyrs (Shahids) y ont une place de choix. Tout comme le mot « Janna », il signifie les « jardins », symbole d'opulence et de félicité.

coup frapper à la porte de notre armée avant d'aller voir du côté d'Al Qaida. Ces jeunes aspiraient avant tout à être embrigadés. Si ce n'était pas par un camp, ce devait être par l'autre. Nos apprentis terroristes islamistes partagent avec tous les terroristes du monde cette passion pour les armes et la bagarre. Un jeune Corse encagoulé dans le maquis, qui parade lors d'une conférence de presse du FLNC en caressant son arme, a beaucoup plus de points communs avec un jeune jihadiste qu'il ne voudra l'admettre. Dans leur jeunesse, les hommes ont toujours aimé se battre. C'est la question de savoir qui pisse le plus loin. Ce n'est que bien plus tard qu'ils comprennent que le gagnant n'est pas forcément celui qui a la plus longue kalashnikov. Seulement voilà, à vingt ans, on trouve qu'une kalash c'est beau, que ça donne un genre. Nos terroristes d'extrême gauche, type Action directe, étaient à peu près faits dans le même moule que nos jihadistes du XXIe siècle. Rien n'a changé. L'idéologie n'est pas la même, certes, mais reste une idéologie, c'est-à-dire une raison de se battre, de jouer à la gué-guerre, de trouver un sens à la vie en tuant les autres. Être un guerrier, ça a de la gueule. Leur motivation ne réside-t-elle pas en partie dans le plaisir morbide de caresser le métal froid, de se sentir des hommes ?

L'idéologie d'extrême gauche ressemblait également à l'islamisme en ce qu'elle rejetait l'idée d'État-Nation. On n'était pas français ou allemand, on était citoyen du monde, camarade, frère. Aujourd'hui, nos jihadistes ne sont pas français, belges, anglais ou allemands, ils sont musulmans, c'est-à-dire citoyens de l'Oumma islamique, du Califat en reconstruction. La ressemblance est encore plus frappante entre le terrorisme d'extrême droite et les plus radicaux de nos terroristes islamistes, ceux qui jettent l'anathème, l'accusation d'impiété, ceux que l'on appelle les takfiris et qui s'arrogent le droit de dire qui a le droit de vivre et qui doit mourir. Avec les islamistes les plus radicaux et les plus fascistes des quelques illuminés d'extrême droite, dont le tueur norvégien Anders Breivik et l'Américain Timothy McVeigh[1] sont à ce jour les plus sanglants exemples, le terrorisme confine à la violence pure, à ce stade ultime où l'assassin, tel un Dieu, éradique au seul motif que la pensée pour les uns, le sang pour les autres, seraient impurs. Pour les terroristes d'extrême droite, à l'instar de leurs frères islamistes, l'État-Nation s'efface derrière la fiction de la race et de sa pureté. Les fondamentalistes religieux d'obédience takfiri tuent ceux dont la pureté de l'âme est jugée insuffisante, tandis que les fascistes tuent ceux dont le sang est jugé impur.

1. Chacun se souvient du Norvégien Anders Behring Breivik qui a tué 77 de ses compatriotes le 22 juillet 2011. Peu de gens se souviennent de Timothy Mc Veigh, précurseur du terrorisme individuel, qui commit le 19 avril 1995 à Oklahoma l'attentat le plus meurtrier sur le sol américain avant le 11-Septembre. Avec un camion rempli de 2 500 kilos de nitrate d'ammonium, de fertilisant agricole et de nitrométhane, il détruisit un immeuble fédéral et assassina 168 personnes.

Rien ne serait véritablement nouveau. Certes, mais aujourd'hui ce sont bien les « Mohamed Merah » qui nous font peur. Ils ont pris le pas sur tous les autres terrorismes, qu'ils soient nationalistes, séparatistes, fascistes, marxistes, nihilistes. Ce sont les « Mohamed Merah » qui arrivent en tête du top cinquante. Même Breivik n'a pas fait autant de buzz.

Les « Breivik » comme les « Merah » sont des ennemis de l'intérieur. Mais celui qui fait le plus peur est celui qui délite le corps social. Et si demain, de plus en plus de jeunes comme Mohamed Merah rejetaient l'idée d'une appartenance nationale ? Et s'ils ne se sentaient plus que musulmans et plus du tout français ? Ce serait notre monde qui s'écroulerait. Notre civilisation s'est certes créée sur la notion d'État-Nation, mais elle s'est confortée grâce à l'universalisme des droits de l'homme et à la laïcité. La religion a été bannie de nos lois et de nos préoccupations quotidiennes. Et voilà que des Français viennent prétendre à la refondation des rapports sociaux sur des bases religieuses universelles. L'universalité que nous avions créée, c'était l'Europe et l'espoir de sortir par le haut du concept d'État-Nation, en éclatant les frontières, mais tout en gardant nos principes démocratiques et nos cultures. Que certains n'aient plus le goût de la France, que certains considèrent que les droits de l'homme ne profitent qu'aux riches, soit ! Mais d'ici à en dégoûter les autres, il n'y a pas loin. Si notre ennemi de l'intérieur, notre jeune Français musulman nous fait si peur, c'est parce que l'on craint la contagion.

Le risque existe bel et bien car le terrorisme islamiste ne voisine pas la folie. Il n'est pas ce terrorisme totalement irrationnel dans lequel la passion l'emporte sur la dimension politique et raisonnée. Cette forme de terrorisme n'est pas déconnectée de toute réalité sociale. Elle s'inscrit dans un mouvement profond. Elle a du fond, de la substance. Elle a une histoire. À quelques mois d'intervalle, les crimes du Norvégien Breivik et ceux de Mohamed Merah n'ont pas eu la même signification. Si Breivik a fait beaucoup plus de morts que Merah, qui redoutons-nous vraiment ? Breivik, alors que son crime s'est arrêté avec son arrestation, ou Merah, dont la menace perdure par-delà la mort ? Qui a-t-on le plus de malchance de revoir, un Breivik ou un Merah ? Ce qui fait peur, ce n'est pas le crime commis, c'est la possibilité que le crime recommence, se renouvelle, devienne récurrent.

Le terrorisme islamiste essaime, se répète. Pas les actions à moitié folles d'un Breivik qui, contrairement au passé, ne s'inscrivent plus dans un mouvement organisé et profond. La contagion possible dépend de la profondeur des causes. L'acte d'un dément n'est que l'acte d'un dément. Il ne signifie rien d'autre que cela. Si le dément ne peut plus nuire, l'acte s'oublie. La permanence du terrorisme islamiste pose un problème plus important et cause une peur bien plus grande. L'acte de Merah est perçu comme une étape supplémentaire. Le terrorisme islamiste n'est pas mort avec lui. Il s'est au contraire consolidé.

Chaque crime terroriste réussi, soutenu par une idéologie forte, est une victoire de cette idéologie et la preuve de notre faiblesse. Voilà ce qui fait peur. Des actes de terrorisme islamiste auront encore lieu dans le futur. Ils ressembleront au tueur de Toulouse ou prendront une autre forme. Nous savons que rien n'a été résolu par la mort de Merah. L'arrestation de Breivik, elle, a résolu le problème Breivik, tout au moins tant qu'un terrorisme récurrent d'extrême droite ne se fera pas de nouveau jour. Quand un tueur en série de droit commun est arrêté, il en va de même. Le problème est résolu par l'arrestation du criminel. Il y aura bien entendu d'autres tueurs en série, mais ce seront précisément d'autres tueurs en série. Avec le terrorisme islamiste, nous ne sommes plus dans le temporaire mais dans la permanence.

Pour quelle raison avons-nous craint que Merah fasse des émules dans les jours suivant sa mort ? Parce que nous savons qu'il existe potentiellement d'autres Mohamed Merah, pas beaucoup, certes, mais quelques-uns. Nous savons que le processus qui l'a mené au terrorisme, s'il a fonctionné pour lui, peut fonctionner pour d'autres.

Ce serait infiniment plus simple, tellement moins inquiétant, si la deuxième génération de terroristes n'était pas cette eau qui dort. Mais il n'y a plus d'étiquette. Un vrai barbu, avec la longueur de barbe réglementaire, qui s'affiche comme intégriste, récite à longueur de temps des sourates du Coran, s'habille de façon traditionnelle, prêche l'idéologie d'Al Qaida, a cet aspect reconnaissable qui nous rassure. Avec la seconde génération de terroristes, nous avons quitté le stéréotype de l'intégriste musulman pour nous confronter à un mélange improbable, un jeune délinquant de banlieue en pleine mutation idéologique. Nous sentons déjà que la ligne est fragile entre les frustrations de nos banlieues et l'idéologie salafiste jihadiste. Ce qui ne devait pas s'assembler s'assemble. Ce qui apparaissait comme l'eau et le feu, d'un côté une recherche consumériste, le portable high-tech, la BMW, les vêtements de marque, et de l'autre le renoncement aux valeurs capitalistes et au confort de l'Occident, fusionne dans une haine commune. En 2005, nos banlieues brûlaient mais c'était un feu laïc, un feu qui s'éteint au petit matin quand tout le monde est fatigué. C'était aussi un feu matérialiste et utilitaire. Il permettait d'exprimer un mécontentement social profond, de se défouler et, pourquoi pas, de piller quelques magasins. Nos révolutionnaires en herbe volaient la dernière Nitendo et le paradis était bien éloigné de leurs préoccupations. L'absence d'idéologie faisait toute la différence. Une explosion idéologique des banlieues serait tout autre chose, surtout si l'idéologie est religieuse et extrémiste.

Mais la contagion n'a pas eu lieu. Mohamed Merah a poussé l'horreur un peu trop loin. En tuant des enfants, il s'est coupé de la très grande majorité des musulmans. On ne peut pas faire n'importe quoi au nom de l'islam. Cette fitna fut très sensible dans les jours qui suivirent la mort de Merah.

Parmi notre contingent de musulmans intégristes sur écoutes, nombreux furent ceux qui se félicitèrent tout d'abord de l'assassinat des militaires français. L'argument avancé était que les régiments en question étaient engagés en zone pakistano-afghane et tuaient donc des musulmans. S'en prendre à des militaires français pouvait ainsi être considéré comme un acte de guerre, la réponse à une agression, l'acte héroïque d'un vrai moudjahed. Peu soucieux des lois de la guerre, notre panel représentatif ne faisait guère la différence entre tuer un militaire au combat et l'assassiner alors qu'il était désarmé, sans lui laisser la moindre chance. Certes, les drones américains ne font pas plus de distinctions en tuant à l'aveugle, mais que leur utilisation soit une façon bien critiquable de mener une sale guerre ne fait pas de Mohamed Merah un courageux soldat.

Pour autant, il fallait reconnaître que jusque-là les actes de Mohamed Merah suivaient une logique, une stratégie. La cible n'était pas indifférenciée. Elle était militaire et renvoyait le point de vue d'un jeune intégriste qui ignorait tout du sentiment national, de la France et de son armée.

Renoncer à tout humanisme, aux valeurs fondamentales intemporelles de n'importe quelle civilisation, y compris islamique, c'était autre chose. De fait, ceux qui applaudissaient à tout rompre en hurlant « Allah akbar » aux « prouesses » de Mohamed Merah restèrent sans voix quand celui-ci tua des enfants avec une sauvagerie inouïe. Il avait définitivement perdu son label incontestable de moudjahed pour celui moins glorieux de fou sanguinaire.

Quelques-uns, pourtant, tentèrent de justifier l'injustifiable. Après tout, des enfants, victimes collatérales des frappes américaines ou israéliennes, mouraient également dans la zone pakistano-afghane ou à Gaza. Comme si la mort d'innocents là-bas justifiait l'assassinat d'innocents à Toulouse ! Ce n'était guère rassurant de constater que, même après des crimes aussi abominables, certains écervelés applaudissaient encore. Et qu'applaudissaient-ils ? Merah avait-il gagné la guerre ? Avait-il seulement gagné une bataille ? Avait-il fait quelque chose pour la grandeur de l'islam ou son expansion ? Avait-il fait quelque chose pour que les mécréants veuillent devenir musulmans ? Avait-il créé des vocations et, dans ce cas, quel genre de vocations ? Celle de tueur d'enfants ? Ceux qui applaudissaient Merah comprenaient-ils qu'il avait rendu un grand service aux ennemis de l'islam ? Aucune invasion israélienne, aucune nouvelle colonie en Palestine, aucun drone américain au Yémen ou au Waziristan n'auraient pu faire mieux que Merah pour salir l'islam en France. Il y en eut au contraire, ainsi qu'il arrive toujours quand le crime est trop abominable, pour soutenir que Mohamed Merah était innocent, qu'il n'avait pas tué les enfants, que c'était un complot du Mossad, de la CIA ou de la DCRI.

En réalité, à l'image de l'être hybride qu'il était, mi-loulou de banlieue, mi-apprenti d'Al Qaida,

Mohamed Merah était un amateur en voie de professionnalisation. Il avait la volonté mais aussi l'amateurisme, la détermination des jeunes recrues avec des réactions imprévisibles. Il était le pire cocktail qui soit, un mélange de stratégie et d'irrationnel, de sang-froid et de haine. Tant qu'une logique est suivie, tant que nous avons affaire à un terroriste professionnel, tant que nous pouvons comprendre ce qui se passe, nous pouvons aussi prévoir, anticiper. Un terroriste professionnel ne fait pas n'importe quoi. Les jihadistes de la seconde génération, eux, en sont capables. Ils sont entraînés mais ne sont pas des guerriers. Ils n'ont pas combattu en Afghanistan contre les Soviétiques, en Bosnie contre les Serbes ou en Tchétchénie contre les Russes. Ils n'ont fait que s'entraîner, le plus souvent à la va-vite, et pour la plupart, n'ont jamais vu un militaire américain. Ils n'ont jamais tué personne, ni même tiré sur qui que ce soit, sauf lors de séances de paint-ball ou en jouant à *Call of Duty*. Mais leur haine peut leur donner rapidement le goût du sang, une ivresse éclair que connaissent seulement les non-habitués, celle d'être tout-puissant en donnant la mort. L'ivresse de la fuite en avant, de l'irréversible.

Imprévisible, certes… Mais Mohamed Merah a révélé une qualité supplémentaire, beaucoup plus rare et inquiétante. On peut être fou de Dieu sans être fou. On peut même être rusé, feindre, tromper, donner le change. On peut préparer son action, prendre son temps, rester déterminé pendant des semaines, voire des mois. Certes, à la fin, la pression aura été trop grande et l'odeur du sang lui aura fait perdre la maîtrise de soi. Avant son passage à l'acte, néanmoins, il aura dupé son monde.

De ce point de vue, Mohamed Merah représente également la parfaite alchimie entre le fonctionnement idéologique du terroriste islamiste et le principe de réalité qui anime les jeunes délinquants récidivistes de nos provinces françaises. Dans la rue et au cours de ses nombreux séjours en maison d'arrêt, il aura appris le système D. Il connaissait les pratiques policières, les discours des magistrats, le système judiciaire. Il connaissait nos lois pénales et leurs limites. Si Mohamed Merah a pu passer entre les mailles du filet antiterroriste, d'autres le pourront aussi. C'est pour cette raison légitime que l'efficacité de notre système de lutte contre le terrorisme a été mise en cause. Ainsi, nous pourrions lutter contre Al Qaida, contre l'Aqmi ou l'Aqpa (Al Qaida en péninsule arabique), contre de grosses structures terroristes, contre des professionnels, contre des réseaux internationaux, mais nous serions incapables de percer les véritables intentions d'un Mohamed Merah. Nous ne serions pas à même de sonder son esprit et son cœur. Comme si s'aventurer dans la tête d'un islamiste était chose aisée ! Il est français, il nous connaît. Il sait comment nous raisonnons. Nous, nous ne le connaissons plus. Il nous échappe. Il a gardé l'apparence du jeune de banlieue mais n'en est plus un. Nous pensons le comprendre, le décoder, pénétrer ses pensées, et nous ne prenons même pas de fil d'Ariane au cas où. Certains terroristes acquièrent une grande volonté, une grande force intérieure. Vouloir les contrôler, les manipuler, voire les utiliser, c'est indéniablement jouer avec le feu. Dans le nombre, comment détecter ceux qui n'ont plus les mêmes règles que nous, ni celles de la République, ni celles de l'humanité ? On voudrait les jauger avec des critères d'Occidentaux laïcs, alors qu'ils ne sont pas laïcs et qu'ils ne sont plus occidentaux. Mohamed Merah est sans doute une faille de notre système, une erreur d'appréciation, un danger qui deviendra récurrent, mais cette faille s'explique. En attendant, quelles que soient les critiques justifiées ou non, le problème reste entier. Les « Mohamed Merah » sont beaucoup plus difficilement décelables qu'on ne le croit. L'art de la dissimulation est une réalité. C'est même une stratégie. Et dans cette stratégie, dans l'exercice de cet art, certains sont de grands stratèges, de grands artistes.

La taqiyya, c'est ainsi que l'on appelle cet art ancien qui, au fil des siècles, a pris diverses formes. Avant les musulmans, d'autres avaient prôné l'usage de la dissimulation pour éviter les persécutions. Si beaucoup de chrétiens tenaient à afficher leurs croyances quitte à être crucifiés ou dévorés par des lions dans un cirque romain, d'autres pratiquaient leur culte dans le secret. Cette technique de la dissimulation avait peut-être moins d'éclat mais garantissait une dévotion un peu plus longue.

Certaines minorités musulmanes d'obédience chiite furent également contraintes de cacher leurs croyances religieuses pour éviter de subir les foudres des Califes sunnites. L'important n'était-il pas d'être fidèle dans son cœur, surtout si cela permettait de rester vivant ? Et puis l'islam interdit le suicide, même par bravade. Le fait de s'exposer à une mort certaine en revendiquant son apostasie ou sa mécréance ne ressemble-t-il pas à un suicide ? Il s'agissait du fondement initial permettant à un musulman de cacher ses convictions pour éviter des persécutions ou la mort. Dans le domaine du terrorisme islamiste moderne, ce n'est pas cette forme de taqiyya qui fut enseignée, dès le début des années 1990, dans les camps d'entraînement d'Al Qaida, mais une forme beaucoup plus évoluée et agressive. La taqiyya n'est plus un moyen de sauver sa peau mais une arme pour prendre celle des autres. Cela n'a rien à voir avec de la fourberie, avec l'image vulgaire et si facile du musulman retors qui nous planterait un poignard dans le dos. C'est au contraire une clé de compréhension indispensable du terrorisme islamiste. L'art de la dissimulation est considéré comme un art de la guerre. Il s'agit d'obtenir la victoire et pour cela une stratégie adaptée est indispensable. Or une bonne stratégie tient nécessairement compte du rapport de forces. Quand on est en position de faiblesse, il faut savoir demeurer dans l'ombre en attendant le bon moment. La fin, c'est-à-dire la victoire, justifie la tromperie.

La capacité de dissimulation devint, à partir de la seconde moitié des années 1990, un critère essentiel de sélection de ceux qui se virent confier des actions terroristes, en particulier aux États-Unis et en Europe, à l'issue de leur formation dans les camps d'Al Qaida. C'était l'époque où Al Qaida, à son apogée, imaginait de grandes actions terroristes. Cela nécessitait un temps de préparation parfois conséquent, et il était indispensable que les exécutants – ceux que la presse appelait alors les « agents dormants d'Al Qaida » – se fondent dans la population-cible. Leur première mission était claire : surtout ne pas se faire remarquer jusqu'à ce que l'heure soit venue de frapper. Il ne s'agissait pas forcément de se conduire en parfait mécréant mais *a minima* de ne pas attirer l'attention. La cuite du samedi soir n'était pas obligatoire mais une tenue occidentale et un menton rasé étaient fortement conseillés. *A contrario*, un excès de zèle dans l'adoption d'un comportement de mécréant devenait un signe inquiétant pour les services occidentaux. Plusieurs personnes interpellées après avoir séjourné dans des camps d'entraînement confirmèrent l'existence de cours de taqiyya et une évolution de son contenu. Les multiples conseils prodigués sur le comportement à adopter lors du retour au pays pouvaient se résumer, dans leur forme la plus élaborée, en un principe : rien ne devait trahir un changement quelconque dans la personnalité et les convictions de l'agent. Cela impliquait notamment que la personne sélectionnée devait garder un secret absolu sur sa mission, même vis-à-vis de ses proches. Un guide opérationnel saisi à Manchester il y a quelques années, et manifestement destiné aux « agents dormants d'Al Qaida », codifiait les règles à respecter pour vivre en parfaite intelligence avec les mécréants avant de passer à l'action. Comme ce manuel correspondait encore à une époque où Al Qaida, au sommet de sa puissance, confiait des opérations à de véritables groupes, de nombreuses pages concernaient les relations et les règles de sécurité à adopter entre les membres du groupe. Il était prescrit, en particulier, un cloisonnement entre les missions à accomplir pour la réussite finale de l'opération. Les membres du groupe chargés de la logistique (fourniture de faux papiers, location d'appartements, de véhicules, financements) ne devaient pas être en relation avec le groupe chargé d'exécuter l'opération terroriste elle-même. En cas d'arrestation de l'une des cellules logistiques, l'opération pourrait ainsi se poursuivre. De même, le groupe responsable de la collecte des informations et de la sélection de la cible finale devait être différent du groupe assurant l'exécution de l'opération.

Les groupes terroristes palestiniens opérant dans les années 1980, et en particulier le groupe Abou Nidal, respectaient scrupuleusement, et avec un grand professionnalisme, cette règle du cloisonnement. Les personnes chargées des repérages n'étaient jamais les mêmes que celles chargées de la logistique et l'exécution de l'opération était confiée systématiquement à un troisième groupe. Les informations sur les cibles potentielles n'étaient pas transmises directement au groupe chargé de la logistique et encore moins au groupe chargé de l'exécution. Elles remontaient au commandement central qui sélectionnait la cible puis décidait des moyens logistiques à mettre en place. Quand les moyens logistiques étaient lancés, l'information remontait encore à la direction centrale qui donnait le feu vert et actionnait le groupe exécutant.

Jusqu'à une période très récente, Al Qaida et ses filiales ont fonctionné sur ce schéma. Mais plus la préparation de l'opération était longue, plus les participants étaient nombreux, et donc, plus les règles de sécurité et de la taqiyya devaient être strictement respectées. Or, dans un groupe, il y a souvent un maillon faible susceptible de compromettre au minimum la phase préparatoire de l'opération. De surcroît, un parfait cloisonnement demande un grand professionnalisme que les terroristes islamistes des temps modernes possèdent de moins en moins.

Le cloisonnement idéal n'était-il pas le cloisonnement absolu, à savoir l'individu isolé qui ne prendrait ses ordres que du commandement central, soit lors de son entraînement initial au Liban, au Waziristan ou au Yémen, soit par le biais de messages télématiques cryptés ?

Ce n'est cependant pas en raison de ce constat qu'Al Qaida et les groupes dans sa mouvance ont fini par confier des missions à de seuls microgroupes, voire à un exécutant unique, inventant pour les besoins de la cause la notion de « Jihad individuel ». Cette évolution est bien plus le résultat d'une incapacité, dans l'époque récente, à construire de véritables groupes opérationnels structurés. En somme, la nécessité ayant fait loi, les terroristes professionnels d'Al Qaida, de l'Aqmi ou de l'Aqpa, s'en remettent de plus en plus à des terroristes isolés. S'ils réussissent, c'est tant mieux. S'ils échouent, ça ne prête pas à conséquence.

L'utilisation du terrorisme « individuel » n'a pas pour autant fait disparaître la nécessité de la taqiyya, tout au contraire (sauf dans l'hypothèse où l'acte de terrorisme lui-même n'implique pas une période de latence dans le pays cible, comme ce fut le cas, par exemple, pour le Nigérien Abdulmuttalab qui, en décembre 2009, tenta de se faire exploser dans un avion de ligne à destination de Detroit). Et que dire de la taqiyya à son point culminant ! Celle qu'il faut pratiquer au cours d'une campagne d'attentats. Non seulement l'agent devra rester déterminé pendant la période précédant le premier passage à l'acte, mais sa résolution et sa capacité de dissimulation devront rester intactes entre chaque attentat. En rentrant le soir, il dira bonjour à son père, à sa mère, à sa petite sœur, à sa femme, à ses amis ou ses voisins sans rien laisser transparaître.

Pour pouvoir, après avoir tué, se laver les mains avant de passer à table, il faut que la taqiyya soit soutenue par une détermination sans faille et par une formation dogmatique préalable. N'est pas un Landru du terrorisme qui veut ! Dissimuler son crime afin d'en commettre d'autres demande une préparation tout aussi technique que mentale. La formation à la taqiyya délivrée par les organisations terroristes ne présente pas seulement un corpus de conseils, un listing de ce qu'il faut faire et ne pas faire une fois sur le terrain. Il s'agit surtout de délivrer les arguments dogmatiques adéquats, les « dalils », c'est-à-dire « les preuves ». Sans ces dalils, aucune formation ne serait complète. Il est indispensable d'asseoir la formation pratique sur le Coran et la Sunna, de justifier par la théologie le comportement terroriste lui-même, à commencer par l'utilisation du mensonge et de la dissimulation. Et les arguments ne manquent pas, tirés du Coran ou des agissements du prophète Mohammed. L'un des commentateurs les plus célèbres du Coran, Mohammed At-Tabari, écrivait au Xe siècle que les musulmans sont autorisés à se conduire avec les infidèles « avec une loyauté apparente en paroles », tout en conservant « leur hostilité » envers eux jusqu'à ce qu'ils soient suffisamment forts pour les combattre ouvertement. Le Prophète aurait d'ailleurs lui-même autorisé l'un de ses fidèles à utiliser la taqiyya pour gagner la confiance d'un ennemi de l'islam avant de pouvoir l'approcher et le tuer. Ce genre de « preuves théologiques », délivrées aux apprentis terroristes, permet de rendre légitime la méthode terroriste à employer. Les recrues sont évidemment déjà acquises à la cause, la défense de l'islam, mais sont parfois incertaines sur la légitimité des moyens à employer, à commencer par la dissimulation voire la traîtrise. Initialement, tout apprenti jihadiste arrive sur une terre de Jihad avec le désir de combattre comme les moudjahidin vus sur les vidéos des sites islamistes, kalash à la main, luttant contre des soldats impies. Or, ce qu'on lui demande en le renvoyant chez lui est bien éloigné de l'image d'Épinal qu'il s'était forgée. Il va falloir mentir, s'enterrer, avaler, ravaler, être une taupe, serrer des mains, dire bonjour et bonsoir. Et surtout, attendre, attendre, attendre. Cette pratique de la taqiyya en solitaire est très difficile. Certes, le cloisonnement est absolu et le risque de fuite ou d'erreur bien moins important que dans un groupe terroriste, mais le Jihad individuel présente l'inconvénient de laisser le terroriste seul avec lui-même. Être plusieurs sur le terrain permet un effet de groupe – de quoi se réconforter dans les périodes de doute, voire de soutenir la détermination défaillante de l'un d'entre eux. La pratique de la taqiyya devient plus aisée, ne serait-ce que grâce à ces bouffées d'oxygène : ensemble, on peut relâcher la pression et arrêter de feindre. Et ça fait un bien fou. La DST (Direction de surveillance du territoire) et la DIGOS italienne (service de carabiniers chargé entre autres de nombreuses affaires de terrorisme) se souviendront longtemps du moment magique où, en août 1996, Fateh Kamel, commerçant établi à Montréal et maître en taqiyya, dévoila ses projets terroristes et le fond de son cœur à deux membres du GIA dans un appartement de Milan opportunément sonorisé !

Au contraire, quand on est seul, on doit toujours dissimuler, sans jamais s'épancher. Ici réside sans doute l'une des raisons pour lesquelles le jihadiste individuel est la plupart du temps obligé, pour raffermir sa volonté, de rompre l'isolement et de contacter son référent, son émir ou son mentor, la plupart du temps par messagerie privée sur Internet.

Du côté d'Al Qaida et des principaux groupes terroristes, le maintien d'un lien entre le jihadiste individuel et le commandement central est également une nécessité, mais pour un autre motif. Si Al Qaida est aujourd'hui contrainte d'encourager, faute de mieux, le Jihad individuel dans sa production labellisée diffusée sur Internet, elle ne veut pas perdre le contrôle. Les principaux émirs du terrorisme incitent au Jihad individuel dont le rapport qualité/prix est incomparable, d'autant qu'il ne présente aucun risque pour le groupe, mais ne veulent surtout pas d'un Jihadiste-électron libre. Que l'exécutant puisse agir seul est idéal mais à la seule condition que la cible et le moment choisi pour passer à l'action soient fixés par le commandement central. Sinon, ce n'est plus du terrorisme, c'est du grand n'importe quoi. Le terrorisme est en effet une méthode d'action politique, une stratégie qui tend vers un but défini. Des agissements désordonnés, anarchiques, peuvent être totalement contre-productifs. Il faut tuer, certes, mais à bon escient et au bon moment.

Si la taqiyya constitue une arme indispensable pour les groupes terroristes, les services de contre-terrorisme recourent de plus en plus à la version qu'ils en donnent : l'infiltration. C'est une application de la taqiyya en théorie plus noble que la fourberie, le mensonge ou la dissimulation, mais il s'agit fondamentalement de la même chose. Le but est de tromper l'ennemi. Ces dernières années, les exemples d'infiltration se sont multipliés. À la guerre comme à la guerre. Les terroristes modernes se font passer pour de bons Occidentaux respectueux de nos démocraties. Eh bien nous allons nous faire passer pour de bons islamistes prêts à tout afin de détruire le taghout[1]. Nous nous tiendrons par la barbichette et nous verrons bien qui de nous deux rira le premier.

Le démantèlement du groupe de Miami, en 2006, en est un bon exemple. Les sept terroristes avaient de grandes ambitions. Ils voulaient faire sauter plusieurs immeubles et notamment la plus haute tour des États-Unis, la tour Sears de Chicago. Mais ils avaient besoin d'un matériel considérable et frappèrent à la mauvaise porte pour s'en procurer. C'est un faux agent d'Al Qaida, vrai agent du FBI, qui joua les pères Noël et leur promit monts et merveilles. Si l'habit ne fait pas le moine, la barbe ne fait pas le moudjahed.

En mai 2012, on se serait cru en pleine guerre froide. On apprenait d'un côté qu'un policier de Scotland Yard d'origine pakistanaise avait passé ses vacances dans un camp d'entraînement terroriste de

1. Le taghout est tout ce qui est adoré par les mécréants, alors que seul Allah doit être adoré. Par extension, le taghout est la mécréance en général, inspirée par Satan. Ceux qui adorent en dehors d'Allah sont appelés les Tawaghit.

la mouvance Al Qaida, tandis qu'à l'inverse un agent des services saoudiens, parvenu à infiltrer l'Aqpa au Yémen, s'était vu confier la mission de faire sauter un avion de ligne à destination des États-Unis d'Amérique. Cerise sur le gâteau, grâce à ce même agent double, un haut responsable de l'Aqpa avait pu être « droné » vite fait bien fait.

Dans cette guerre de l'ombre, tout serait-il permis ? Pas tout à fait. Pour les terroristes, sans aucun doute, mais pour les démocraties luttant contre eux, il existe en théorie des lois à respecter. À commencer par l'interdiction, dans plusieurs pays dont la France, de la provocation.

La provocation, au sens juridique, consiste à inciter un apprenti terroriste à passer à l'action alors qu'il ne l'aurait pas fait de lui-même. Certains sont si pusillanimes ou maladroits qu'il est parfois lassant de les voir tourner autour du pot. On sent qu'ils voudraient bien, mais ils ne se décident jamais ou ne savent pas comment faire. Un petit coup de pouce bien venu permet de régler le problème et de passer à autre chose. L'individu ou le groupe sont potentiellement dangereux mais totalement inefficaces. Or un service de renseignement ou un service enquêteur doit faire tourner la machine. Il ne peut pas éternellement surveiller des indécis maladifs. D'où la tentation de faire une partie du travail à leur place, histoire de leur mettre le pied à l'étrier. C'est illégal… un peu, beaucoup, passionnément.

L'AGENT DOUBLE D'AL QAIDA*[1]

Une partie de la presse américaine l'appela l'agent triple d'Al Qaida alors qu'il ne fut qu'un agent double. C'était bien suffisant. La duplicité est assez difficile à vivre, même si elle n'existe qu'en apparence. L'agent double ne trahit personne. Il se joue de ceux qui croyaient se jouer de lui. Il aurait fallu, pour qu'Hassan soit un agent triple, que dès l'origine il œuvrât pour Al Qaida. Mais il n'œuvrait pour personne. Il était médecin, voilà tout. Comme il était médecin dans un camp de réfugiés palestiniens, la souffrance, la pauvreté et la maladie étaient son lot quotidien. Et comme il travaillait à Zarka, le plus grand camp de réfugiés palestiniens de Jordanie, il ne chômait pas.

Hassan travaillait beaucoup mais il n'était pas riche puisqu'il soignait surtout les pauvres. Cela n'avait pas

1. Les astérisques renvoient aux notes de fin d'ouvrage, p. 279.

d'importance. Il soignait les Palestiniens puisqu'il était l'un des leurs. Il avait eu un peu plus de réussite, un soupçon de talent, mais il n'était qu'un réfugié, comme eux tous. Il n'avait cependant jamais connu l'abandon physique de la terre, le moment où l'on vous chasse de l'endroit que vous pensiez être le vôtre à jamais.

Né en 1977 au Koweït, il n'avait connu qu'une terre étrangère et un exil par procuration. Ses grands-parents lui avaient cent fois raconté de quelle façon ils avaient dû quitter Beershaba en 1948. Aujourd'hui, pensa Hassan, Beershaba accueillait l'université Ben Gourion. C'est dire si « le puits du serment »* n'avait pas rempli sa promesse... pas plus que les Arafat, Habbasche, Abou Nidal et Wadi Haddad**, tous ceux qui avaient prétendu pouvoir vaincre sans Dieu. Même le père d'Hassan s'était laissé berner. Enrôlé par la FPLP Opérations spéciales de Wadi Haddad, il avait brûlé sa jeunesse pour une cause qui, en 2008, était au même point ou presque que soixante ans auparavant. Tout l'argent des détournements d'avion des années 1970 n'avait jamais servi à soigner le moindre enfant palestinien. Et aujourd'hui, des gens comme Hassan étaient encore et toujours là pour soulager une misère créée et entretenue par d'autres. Au fil des années, cependant, Hassan devenait las, fatigué par ce défilé ininterrompu d'enfants sous-alimentés ou blessés, par tous ces enfants perdus de Palestine.

À son arrivée en Jordanie, à la fin de ses études de médecine, Hassan s'était bien promis de ne rien faire d'autre que son métier. Il ne supportait pas les discours, la politique, toutes les promesses qui avaient bercé son enfance et celle de ses parents avant lui. Mais un jour, il rencontra Nabil. Nabil venait de Gaza avec des images, des paroles incandescentes, avec la puissance de celui qui poursuit un but. Ce jour-là, Hassan rencontra sa conscience. C'était une conscience à la fois politique et religieuse. Pour les Palestiniens, les deux notions se confondaient de plus en plus. Hassan se mit à réfléchir, à réfléchir puis à maudire. Il se mit à haïr les Israéliens, les Américains et les apostats arabes qui pactisaient avec le Shaïtan[1]. Quelques mois auparavant, rien ne lui aurait paru plus utile, plus noble que son métier de médecin. Depuis qu'il connaissait Nabil, il se méprisait lui-même. C'était bien de soigner, mais il y aurait chaque jour plus de malades, plus d'enfants blessés, mutilés, orphelins. Ça ne s'arrêterait jamais. Alors, sous l'instigation de Nabil, il se ressaisit.

Comme son travail était utile, il resta en poste. Mais il lutta autrement, un matin, un soir, une nuit, de plus en plus souvent. Puis tous les soirs et toutes les nuits, sur Internet, à faire son Jihad médiatique, à fustiger Israël, l'Amérique, l'Europe, la mécréance sous toutes ses formes. Il devint un moudjahed virtuel. Il appelait au meurtre, à la révolte, à la justice, au terrorisme, à n'importe quoi qui fasse cesser la souffrance. Car la souffrance des autres était devenue totalement la sienne. Il se

1. Shaïtan, autrement appelé Satan. Comme Dieu, le Diable a plusieurs noms… moins élogieux, évidemment.

l'était appropriée sur le net. Il parlait déjà moins souvent de soins, d'hôpitaux, d'enfants malades et plus de tuer que de soigner. Ses traits s'étaient durcis, sa barbe avait poussé. Il ne restait plus grand-chose du jeune médecin à la peau lisse, au visage poupon orné d'un mince filet de barbe. Ses yeux ne pétillaient plus. Ils étaient noirs et insondables. Hassan était devenu une star des sites islamistes. Ses interventions sur la toile étaient suivies d'Islamabad à Paris, de Kuala Lumpur à Londres, de Tunis à Vancouver. Pour autant, il n'avait pas encore franchi la rivière sans retour. Même fatigué par les heures suspendues sur la toile à prêcher la vengeance, la haine et la violence, il restait un médecin.

Un jour, Nabil le provoqua. Il tenta le coup de grâce. C'était à la fin de décembre 2008, peu après des frappes israéliennes particulièrement meurtrières à Gaza. Depuis quelque temps, Nabil était passé à l'offensive. Il ne cessait de harceler Hassan. « Soigne, soigne. Vas-y, soigne. Soigne tous les enfants de Palestine. Soigne sans respirer, sans réfléchir. Jette de l'eau dans le désert sans rien avoir planté. » Et puis Nabil proposa à Hassan de l'accompagner à Gaza, afin qu'il se rende compte. Il croyait avoir tout vu ? Pensait-il que Zarka était la quintessence de la misère humaine ? Pensait-il qu'à Gaza les enfants estropiés l'écoutaient sur Internet ? Était-ce avec une souris qu'il croyait gagner le Paradis ? Pensait-il devenir un shahid*, un martyr, s'il se tuait à la tâche, courbé en deux sur son ordinateur ou sur une table d'opération ?

Prétendait-il que le Jihad se faisait avec un scalpel ? À Gaza, un million et demi de Palestiniens s'entassaient sur 350 kilomètres carrés insalubres. Combien de médecins travaillant jour et nuit faudrait-il pour panser les plaies de la Palestine ? Le vrai courage ne consistait pas à soigner mais à prendre les armes, à tuer le plus de mécréants possible puis, si Dieu le voulait, à mourir en martyr. Puisqu'il était devenu une vedette d'Internet, puisqu'il appelait ses frères au Jihad, ne pensait-il pas qu'il lui fallait montrer l'exemple ?

Nabil n'avait pas le moindre doute sur l'utilité d'Internet dans le Jihad moderne, mais il savait qu'un jour ou l'autre, sans doute prochainement, Hassan serait arrêté, jeté en prison et qu'il y pourrirait sans être mort en martyr. Agir comme Hassan le faisait, sous le nez des services jordaniens, était une folie. C'est pourquoi Nabil mettait tout en œuvre pour le convaincre de partir au plus vite. Mais Hassan restait accroché à ses malades comme une moule sur un rocher.

Nabil résolut de changer de tactique. Il contacta quelques jihadistes confirmés qu'il avait connus en zone pakistano-afghane afin qu'ils tentent de convaincre le médecin des pauvres. Hassan était déjà très connu parmi les chefs de guerre des zones tribales. L'un des principaux chefs taliban, Baitullah Mehsud, vit l'occasion de recruter dans ses rangs clairsemés par les drones américains une personnalité d'envergure, dont les talents reconnus en médecine s'avéreraient inestimables sur le terrain. De fait, les moudjahidin mouraient bien souvent, non de leurs blessures, mais de la mauvaise qualité des soins prodigués. Baitullah Mehsud contacta donc Hassan, par divers intermédiaires, sur la messagerie privée d'un site islamiste. Ce fut paradoxalement cette initiative qui scella l'avenir d'Hassan.

Les services américains connaissaient les comptes de courrier utilisés par les lieutenants de Mehsud. Ils informèrent leurs homologues jordaniens qu'Hassan ne se contentait plus de cracher sa bile dans ses prêches télématiques mais qu'il était maintenant en contact avec l'un des chefs taliban les plus efficaces contre la coalition en zone tribale. Les Jordaniens s'étaient jusqu'alors montrés peu zélés à régler le problème du « bon Docteur Hassan ». Celui-ci jouissait d'une popularité certaine, à la fois chez les Palestiniens et dans l'opinion publique arabe, notamment jordanienne. De plus, il ne faisait de mal à personne. Au contraire, il soignait – plus ou moins gratuitement – avec une efficacité certaine. Plusieurs militaires et dignitaires jordaniens profitaient gracieusement de ses connaissances médicales. Qu'Hassan s'excitât sur Internet était sans conséquence. Les informations livrées par les Américains changeaient la donne. Cette fois-ci, les services jordaniens ne pouvaient pas laisser faire, d'autant moins que les Américains faisaient pression sur eux.

Inconscient du danger, Hassan faisait feu de tout bois. Ses contacts avec Mehsud l'avaient galvanisé. Il explosait la toile. Il ne supportait plus rien. Ce qu'il aurait regardé il y a quelques mois avec un sourire gêné, par exemple une fille à la robe trop courte, le faisait fulminer. Il n'y avait plus que la mécréance. Tout était mécréance et la mécréance méritait la mort. Les gens ne respectaient pas les lois divines et le monde sombrait. Le Taghout était partout. Shaïtan menaçait les âmes pures. Hassan était là. Il dénonçait tout. Et plus il en rajoutait sur la toile, et plus ça plaisait. Et plus c'était outré, et plus on se connectait. Le monde virtuel était aussi fou que le monde réel. Quelques babioles, quelques écarts insignifiants devinrent des sacrilèges. Sur Internet, il réclama la mort pour de simples paroles blasphématoires.

Au sein des services jordaniens, l'agent chargé de suivre son cas se posait mille questions. Hassan lui était sympathique mais il voyait à quel point il s'engageait dans une impasse. Il avait suivi beaucoup de prêches d'Hassan et, la plupart du temps, les avait appréciés. Il aurait voulu lui éviter le pire mais il devait se rendre à l'évidence : Hassan n'avait plus de limites. Il courait tout droit à la catastrophe. Peut-être n'étaient-ce que des mots ? Peut-être Hassan n'était-il pas définitivement perdu ? L'ambiguïté que ressentait l'agent des services jordaniens était bien réelle. Il comprenait les propos d'Hassan. Son cœur les approuvait même si sa raison les rejetait.

Hassan ne franchit pas le Rubicon de lui-même. Une dizaine d'agents jordaniens s'en chargea. Depuis des mois, il luttait contre ses démons. Il ne voulait pas devenir un terroriste, rejoindre ceux qui faisaient parler la violence avant le cœur. Mais lorsque les agents jordaniens le plaquèrent au sol, quelque chose se brisa. Il s'y attendait sans s'y attendre. Ses amis l'avaient prévenu. Sa femme l'avait prévenu. Seuls ses enfants avaient montré de la fierté sans crainte car ils ne comprenaient pas. Hassan fut conduit quelque part, là où on interroge. On le jeta dans une cellule. Ce n'était pas un cul de basse-fosse. Il y avait de la lumière, une table, du papier, un crayon. Il y avait un matelas posé par terre, des toilettes et même un lavabo. Ce n'était pas une cellule infecte pour le détruire.

Hassan était néanmoins persuadé que le pire l'attendait. Il imaginait des tortures inouïes. N'était-ce pas ainsi que les services jordaniens se comportaient toujours ? Quand on lui apporta son premier repas, il fut surpris. La nourriture n'était pas mauvaise. Il ne retrouvait pas l'horreur que les internautes décrivaient après être passés entre les mains de leurs ennemis.

Hassan avait cependant le cœur serré quand on vint le chercher pour son premier interrogatoire. L'agent jordanien chargé de son dossier ne lui cacha ni sa sympathie pour lui, ni la gravité de sa situation. Il était là pour le jauger et décider s'il était récupérable ou non. Mais après lui, ce pourrait être tout autre chose, des tortures atroces, innommables. L'agent jordanien ne voulait pas cela pour Hassan. Il était instruit, intelligent, c'était quelqu'un d'utile, quelqu'un de bien. Hassan avait soigné tant de Palestiniens, surtout des enfants. Il était important qu'il puisse continuer. Mais c'était mal parti. Sa carrière et sans doute sa vie étaient finies s'il ne montrait pas de la bonne volonté.

Hassan comprit très vite où l'agent voulait en venir, et lui demanda son nom. L'agent hésita. Il n'était pas censé le donner. Il lui répondit tout de même : il s'appelait Sharif. Dès qu'il eut fait cette confidence, Sharif partit dans un monologue enflammé. Hassan n'avait sûrement pas compris. Les taliban et les gens d'Al Qaida étaient des fourbes, des criminels. Hassan, au contraire, ne voulait que le bien. Mais il n'était pas trop tard. Il pouvait se racheter. Hassan pouvait aider à combattre le mal et pouvait sauver sa vie, sa famille, son honneur. Se souvenait-il qu'il avait deux petites filles aux grands yeux de quatre et cinq ans ? N'était-ce pas plus important que tout le reste ?

Sharif était persuadé qu'il marquait des points car Hassan opinait de la tête en signe d'agrément. Il pensait au contraire que Sharif n'était pas seulement l'esclave des Occidentaux, il était leur singe. Il parlait comme eux. Pour un Américain, un Anglais, un Français, pour tous les mécréants d'Occident, rien n'était plus important que les enfants. Les enfants, c'était l'argument suprême auquel aucun être humain n'était censé résister. Voilà ce que Sharif était devenu, un musulman si perverti par l'Occident qu'il pensait que lui pouvait mettre en balance son devoir envers Allah et l'avenir de ses enfants !

Hassan aimait profondément sa femme et ses enfants mais, au moment précis où Sharif joua de cette corde sensible, il sut qu'il les aurait tués de ses propres mains si cela pouvait servir la gloire d'Allah. Sharif était devenu un mécréant mais Hassan reconnut en lui celui qu'il était un an auparavant. Un jeune homme trop sûr de lui. Parce qu'il se reconnut, il sut comment faire. Il sut quoi répondre. Sharif avait raison. Hassan ne savait pas comment il avait pu en arriver là. Il détestait profondément Al Qaida et le Hamas. Il était médecin et ces gens-là n'apportaient que la mort et le malheur. Certes, il était croyant, mais il n'avait voulu que faire le bien autour de lui. Et puis soigner, soigner, c'était cela sa vocation.

Sharif fut convaincu. Les mots ne suffisaient cependant pas. Il fallait qu'Hassan, pour sauver son avenir, donne des gages, apporte quelque chose de tangible. Que pouvait-il faire pour se racheter ? N'avait-il pas des contacts privilégiés avec des gens importants ? N'était-il pas en lien, notamment, avec Baitullah Mehsud ?

Hassan acquiesça à tout. Il était prêt à rendre de grands services. Sharif était satisfait et fier d'avoir pu recruter Hassan. Son aide serait inestimable. Dans son service, certains collègues étaient plus sceptiques. Ils trouvaient qu'Hassan avait accepté un peu trop vite, que son discours d'aujourd'hui était bien trop éloigné de ses diatribes sur Internet. Ce fut le chef des services jordaniens qui trancha. Il n'y avait pas grand risque à l'utiliser. De toute façon, le service n'allait pas le lâcher d'une semelle et, au moindre faux pas, il le paierait cher. Les Américains, tout aussi méfiants, adoptèrent le même raisonnement. Il n'y avait rien à perdre à jouer cette carte et tout à y gagner. Bien sûr, ils ne croyaient pas à la rédemption d'Hassan et, de leur point de vue, un bon islamiste était un islamiste mort. En revanche, les Américains croyaient à la faiblesse humaine, à l'intérêt personnel. Hassan était un homme qui tentait de sauver sa peau, son avenir, sa famille et il pouvait donc être utile. Depuis que le Renseignement existait, les agents doubles avaient toujours été recrutés sur leurs faiblesses. Il n'existait aucun être humain, aussi convaincu soit-il, qui n'ait pas de point faible.

Trois jours après son arrestation, un premier débriefing d'Hassan par des agents de la CIA fut organisé à Amman. Hassan jouait gros. Il avait bien réfléchi à la stratégie à employer. Sa seule chance était de les faire saliver. Quand on salive, on est prêt à avaler. Il avait tout de même un handicap important. Les Américains avaient du mal à admettre qu'il ait pu céder si facilement. Il n'avait même pas été torturé. Il avait tous ses ongles. Les agents de la CIA ne cachèrent pas leur grande méfiance. Ils furent évidemment intéressés quand Hassan affirma pouvoir rencontrer Mehsud, mais ne montrèrent pas un enthousiasme débordant. Pour eux, Mehsud était en sursis. Il serait un jour ou l'autre « droné ». C'était une simple question de temps. Avec l'aide d'Hassan, ça irait peut-être un peu plus vite, voilà tout.

Hassan comprit qu'il fallait mettre la barre plus haut. Alors il prononça les mots magiques. Avec un peu de temps, affirma-t-il, il pensait pouvoir rencontrer Ayman Al Zawahiri. L'un des agents de la CIA renversa son mug de café Starbuck en entendant le nom du second d'Al Qaida. Se faire Al Zawahiri, c'était le rêve de la CIA ! Plus encore que Ben Laden, Zawahiri était l'homme à abattre, le gros lot. Comme Hassan l'avait prévu, la seule évocation d'une possible localisation d'Al Zawahiri emballa la machine américaine. L'information remonta à Washington en quelques minutes. Une heure plus tard, une réunion en urgence se tint à la Maison Blanche. De l'avis général, il fallait tenter le coup. Au pire, on laisserait filer un petit médecin palestinien sans importance ? Et alors ! Ce n'était rien comparé à l'enjeu ! Le président donna son accord. L'Amérique jouerait le jeu aux côtés des Jordaniens. À partir du moment où le feu vert fut donné, ce fut une superproduction hollywoodienne. On tournait un chef-d'œuvre. Quelqu'un écrivait le scénario et Hassan était l'acteur vedette, même si, bien entendu, c'est Al Zawahiri qui était attendu dans la scène finale. Le clou du spectacle qu'on ferait exploser en mille morceaux.

Pour commencer, on tourna une scène absurde, digne des Marx Brothers. Hassan faisait des prêches enflammés ? Eh bien non, ce n'était pas assez ! À la réflexion, il n'était pas assez dur envers Israël, l'Amérique et les croisés. On lui demanda un peu plus de conviction. Il fallait que, de petite vedette, il devienne la star incontestée, le Abou Qatada des sites islamistes. Hassan, au début, eut du mal à comprendre la stratégie. En somme, on lui demandait d'intervenir comme avant sur son site Internet mais avec un peu plus de fanatisme. Il s'exécuta. Ce n'était pas difficile car sa haine grandissait. Il méprisait de plus en plus Sharif, l'agent jordanien capable de trahir sa religion, de vendre son âme au Shaïtan. Ce qu'on lui demandait lui paraissait tellement absurde ! Quelque chose l'empêchait toutefois de rire et ce quelque chose était une prédisposition. Hassan était incroyablement doué pour la taqiyya. Cependant, la route était longue. Il n'y avait pas que Sharif. Il y avait beaucoup de gens à convaincre, à duper. Les Américains seraient les moins perméables. Les Jordaniens, finalement, ne se considéraient pas assez comme des cibles, ce qui endormait leur vigilance. Les Américains, depuis les attentats du 11-Septembre, c'était un autre morceau.

Le lendemain, Hassan partit pour le Waziristan. Il suivit le chemin habituel des apprentis jihadistes. Le voyage commençait par la Turquie. Là-bas, personne n'agissait par conviction. Les passeurs demandaient des dollars pour vous conduire jusqu'en Iran. Pour une grosse rallonge, ils se chargeaient aussi de votre passage au Pakistan. Le plus souvent, c'étaient des Pakistanais qui prenaient la relève. Ce fut le cas pour Hassan. Son passage dans le compartiment à bagages d'un bus local était indispensable pour que son arrivée paraisse naturelle.

Hassan était inquiet. Il avait averti Mehsud de sa venue mais n'avait reçu aucune réponse. Il dut quasiment faire du porte-à-porte pour trouver le chemin. Une semaine après son arrivée à Banna, il fut conduit chez un Saoudien qui le questionna de façon brutale. Hassan ne fut pas en reste. Il balaya les questions avec un mépris calculé. Il affirma qu'il était attendu par Baitullah Mehsud lui-même et qu'il n'avait pas de temps à perdre.

Bien sûr, il ne rencontra pas Mehsud tout de suite. On le fit patienter. C'était à l'époque des drones tous azimuts. La venue d'un visiteur n'était jamais anodine. Au bout de quelques jours, Hassan fut enfin conduit devant Mehsud. Auparavant, il fut entièrement déshabillé. On ne trouva sur lui aucune puce, aucun émetteur, rien qui put permettre le dronage de l'émir. Alors on laissa Hassan se rhabiller. Baitullah Mehsud fit son apparition. Il donna l'accolade à Hassan comme s'ils étaient de vieux amis. Il se dit fort honoré de sa visite, puis aborda rapidement l'essentiel. Pourquoi Hassan était-il venu jusqu'à lui ? Les choses auraient pu en rester là. Si Hassan n'avait pas ouvert son cœur, sa gorge aurait été ouverte avant la tombée du soleil. Mais Hassan raconta tout, absolument tout. Il expliqua dans le détail ce que les Américains et les Jordaniens attendaient de lui. Mehsud était rassuré. Pendant un temps, il avait douté de lui, ce médecin qui n'avait passé que trois jours dans les cellules des services jordaniens, en était sorti entier sans même une côte fêlée et qui débarquait au Waziristan en disant à tout un chacun qu'il voulait le rencontrer. Mehsud n'était pas né de la dernière pluie. Il avait connu beaucoup de traîtres mais avait toujours su les éviter. Ce jour-là, il fit confiance à Hassan. C'était plus intuitif que raisonné. Après tout, Hassan aurait pu avoir pour stratégie de sortir toute cette histoire de recrutement par la CIA pour gagner sa confiance. Pourtant, l'honnêteté d'Hassan s'imposa comme une évidence. La vérité était telle qu'il l'avait dite. Il avait floué les Américains et les Jordaniens. La seule question était de savoir comment en profiter. L'occasion était unique, inimaginable. Mais Hassan calma les ardeurs de Mehsud. S'il ne faisait pas ses preuves, jamais les Américains ne lui feraient totalement confiance. Les deux hommes réfléchirent en buvant du thé. Comment donner des preuves ?

Le lendemain, Mehsud avait une idée à l'image du pays, surprenante et inacceptable. Elle aurait été inacceptable pour le Hassan du passé, celui pour qui soigner était le seul but à atteindre. Elle ne l'était plus pour le nouvel Hassan, celui qui avait rejoint la caravane.

Mehsud lui parla de Rachid, un frère blessé qui allait sans doute mourir prochainement. Il était affaibli, atteint d'une sévère dysenterie que rien ne semblait pouvoir guérir. Il avait surtout peur. Alité dans une maison froide du sud Waziristan, il se torturait l'esprit. Allait-il rejoindre le haut Firdaws alors qu'il mourait à petit feu en se vidant, et non comme un moudjahed au combat ? Un Salim[1] vint lui expliquer qu'Allah ne faisait pas de différence. Il était venu défendre une terre d'islam et cela seul importait. Mais il n'était pas totalement rassuré. Il sentait la mort venir et la trouvait décidément trop vulgaire. Même dans ces circonstances, l'idée de Mehsud restait difficile à assumer. Hassan se laissa cependant convaincre. Il posa une seule condition : pouvoir en discuter avec l'intéressé. Hassan fut donc conduit dans la montagne. La maison était sombre, dépouillée, au milieu de nulle part. Hassan rencontra Rachid et Rachid le transporta dans un autre univers, un univers où le sacrifice de la vie est une apothéose.

Hassan put constater que Rachid était mourant. Il était venu pour s'en assurer, sans trop se l'avouer. Le sacrifice était donc acceptable, même pour un médecin. Néanmoins, le naturel reprit le dessus. Hassan proposa à Rachid de le soigner. Il était encore possible de le guérir, à coup sûr. Rachid refusa, très surpris. Il croyait qu'Hassan avait une mission importante à accomplir et que son martyre était indispensable.

Hassan quitta Rachid avec un pincement au cœur. Il venait de partager quelques instants avec un véritable shahid alors que lui n'était qu'un bourgeois du Jihad. À son retour, il eut une longue discussion avec Mehsud. La stratégie fut décidée à ce moment-là. Hassan ne repartit pas tout de suite. Il resta encore une

1. Un Salim est un savant en sciences religieuses. Le pluriel de ce mot, ouléma, est beaucoup plus connu.

semaine au Waziristan en compagnie d'Abou Abdellah. Celui-ci s'était vu confier la tâche par Meshud de préparer Hassan à sa mission. Il lui expliqua qu'il lui faudrait non seulement feindre, mais aussi fermer son cœur. Au fil du temps, il sympathiserait avec Sharif et même certains Américains. C'était indispensable mais dangereux. Il lui faudrait discuter, manger, plaisanter, rire avec eux en gardant un cœur pur et dur comme de la pierre pour les infidèles. Il était possible qu'à un moment ou un autre il ne parvienne pas à contrôler ses sentiments. Or il serait perdu si les kouffar[1] se mettaient à douter de lui. L'important était de rester le plus neutre possible, de ne pas trop rire, ne pas trop compatir, ne pas en faire trop dans un sens ou dans l'autre, rester musulman sans montrer trop de dégoût pour le Taghout. Seuls les vrais moudjahidin en étaient capables, comme les frères du 11-Septembre ou ceux de Madrid. Il fallait avoir la ténacité de l'hyène et le sang-froid du serpent. Il fallait surtout ne penser qu'à la gloire d'Allah et au Firdaws.

Abou Abdellah indiqua à Hassan des versets du Coran qu'il pourrait réciter pour raffermir sa volonté. Jamais Hassan ne devrait oublier qu'Allah était le plus grand « Makar[2] » et que le prophète avait à plusieurs reprises dupé l'ennemi pour la grandeur de l'islam. Les bons sentiments fabriqués par les

1. Les kouffar sont les mécréants. Moi, par exemple.

2. Le Makar est le spécialiste de la taqiyya. Il n'y a, j'insiste, rien de péjoratif dans ce mot. Le Makar est le grand stratège, celui qui par sa ruse va vaincre les mécréants et faire triompher l'islam.

Tawaghit[1] ne devaient avoir aucune prise sur sa volonté.

Les paroles d'Abou Abdillah marquèrent profondément l'esprit d'Hassan. Dorénavant, il avait les dalils, ces précieux versets et ces quelques hadiths, les dires du Prophète, qui lui montraient le chemin.

Quelques jours plus tard, lors d'un débriefing particulièrement tendu en présence de Sharif et d'un ponte de la CIA, Hassan lança le nom de Rachid et les yeux des Américains s'illuminèrent. Hassan ne savait pas que Rachid était une cible de choix pour eux. Mehsud ne lui avait rien dit de son importance. Ainsi Hassan avait rencontré ce bâtard de Rachid ! Cela faisait un bail que la CIA voulait sa peau. Hassan se proposa de rencontrer une nouvelle fois Rachid. Il fut équipé en conséquence : on lui colla une puce pas plus grande qu'une moitié d'ongle sur le cuir chevelu. Dans la maison délabrée, il retrouva Rachid qui comprit que le grand jour était arrivé. Hassan l'embrassa, lui demanda d'intercéder en sa faveur quand il aurait rejoint le Firdaws, puis sortit de la maison avec la gorge nouée. Deux minutes après son départ, la maison n'existait plus.

À son retour à Islamabad, Hassan était attendu par Sharif et une demi-douzaine d'agents de la CIA. Il eut droit à une ovation. Il avait fait ses preuves, mais le plus dur restait à venir. La seule chose qui

1. Tous ceux qui pratiquent la taqiyya à un niveau moins élevé que le Makar.

intéressait vraiment la CIA, c'était Al Zawahiri. Hassan promit qu'il s'en occuperait dès son retour au Waziristan.

Quand il rencontra de nouveau Mehsud, une semaine plus tard, Hassan avait déjà pensé à un plan. L'idéal était de faire croire aux Américains qu'il avait rencontré Al Zawahiri. Ainsi disparaîtrait tout scepticisme. L'euphorie les gagnerait et ils perdraient tout sens critique. L'idée d'Hassan était une idée de médecin. Pour quelle raison Al Zawahiri, malgré les menaces pesant sur lui, prendrait-il le risque de rencontrer Hassan ? Cette question, la CIA ne cessait de se la poser et doutait fortement des capacités d'Hassan à établir le contact. Mais il était médecin. Et pour quelle raison va-t-on voir le médecin ? demanda-t-il à Mehsud. Certes, Al Zawahiri était lui-même docteur mais cela faisait des années qu'il n'était plus au courant des nouveaux traitements et des innovations médicales. Le raisonnement tenait la route. Mais comment prouver que la rencontre avait bien eu lieu ? Hassan pouvait toujours raconter qu'Al Zawahiri était apparu devant lui à sa grande surprise et lui avait demandé de l'ausculter. Il parviendrait peut-être à convaincre Sharif. En revanche, les Américains exigeraient des preuves.

Ce fut Mehsud qui trouva la solution. Il se chargerait de prendre les contacts nécessaires afin de tout connaître sur l'état de santé d'Al Zawahiri. Si celui-ci souffrait d'un quelconque mal, il le saurait et pourrait l'indiquer à Hassan. « Oui, mais à quoi cela servira-t-il ? » demanda Hassan. « Tu es bien jeune et encore un peu naïf », lui répliqua Mehsud. « Les grandes oreilles de l'Amérique doivent déjà tout savoir de la santé d'Al Zawahiri, expliqua-t-il. Il suffit que tu leur apportes ce qu'ils savent déjà et ils seront définitivement convaincus. »

Trois jours plus tard, Mehsud savait tout des problèmes de santé du second d'Al Qaida. Hassan repartit avec les précieuses informations, de quoi appâter définitivement l'aigle américain.

La CIA, comme l'avait pressenti Mehsud, possédait déjà des informations fiables sur l'état de santé d'Al Zawahiri. Certaines absolument confidentielles correspondaient pourtant avec les éléments rapportés par Hassan. Il y avait tout lieu de croire qu'il avait effectivement rencontré le docteur égyptien. Ce jour-là, Hassan devint la perle rare, l'agent double qui change le cours des guerres, celui que l'on ne croise qu'une fois par siècle, la Mata Hari du salafisme. Plus personne ne doutait de lui. Grâce à Hassan, l'Amérique allait atteindre le cœur d'Al Qaida.

Vint le jour de la grande réunion. Elle se passa à Amman. Un proche adjoint du directeur de la CIA fit le déplacement. Il demanda de but en blanc à Hassan dans quel délai il pensait revoir Al Zawahiri. Sans se démonter, il répondit que seul Dieu le savait. Mais cela se produirait sans doute assez prochainement car Al Zawahiri voulait qu'Hassan contrôle régulièrement son état de santé. Hassan posa deux conditions. Il voulait tout connaître du fonctionnement des drones pour être certain que sa sécurité soit assurée. Il n'avait pas trouvé si professionnelle que cela la technique de la puce collée sur le cuir chevelu. Après tout, une inspection poussée aurait pu facilement le démasquer. La deuxième condition était d'ordre financier. C'était encore une idée de Mehsud. Le chef taleb[1] avait une piètre opinion de l'Amérique. Selon lui, c'était le pays de la vénalité. Hassan ne pourrait jamais être crédible s'il n'exigeait une récompense. Un gros poisson comme Al Zawahiri ne pouvait être offert sur un plateau sans un gros paquet de dollars à la clé. Hassan suivit scrupuleusement les conseils de son mentor. Il demanda deux millions de dollars. C'était la somme idéale, ni trop ni trop peu. La CIA et la Maison Blanche furent rassurées par la vénalité d'Hassan. À l'inverse, ce fut Sharif qui commença à douter. Cela ne correspondait pas à l'image qu'il avait de son protégé. Alors qu'il avait vanté les mérites de son agent double, c'est maintenant lui qui tirait la sonnette d'alarme. Mais c'était bien trop tard. Les Américains s'étaient mis à y croire vraiment. Al Zawahiri pouvait être tué et c'était là l'essentiel.

Le chef de la base principale de la CIA à Khost fut désigné pour superviser l'opération. C'était une femme réputée pour sa grande compétence. Elle prit Hassan sous son aile et lui expliqua de quelle façon les choses allaient se dérouler. Hassan fit mine de ne rien comprendre au fonctionnement des drones. Elle

1. Taleb est le singulier de taliban. Il veut dire « étudiant ». Inutile de préciser ce que le taleb étudie.

lui proposa de lui organiser une visite de la base ultra-secrète de Khost, là où les drones étaient dirigés sur les cibles du Waziristan. Durant la visite, Hassan s'efforça de ne pas faire preuve d'une trop grande curiosité. Il fut cependant très impressionné. La définition de l'image était exceptionnelle. C'était aussi net que sur la PlayStation 3 ou la X-box. On pouvait reconnaître la cible avant de frapper. La précision du tir était remarquable. L'un des principaux techniciens du centre de drones partit dans des explications techniques dont Hassan saisit l'essentiel. Les Américains ne lésinaient pas sur les moyens pour atteindre leurs cibles et ne prenaient aucune précaution particulière pour éviter les victimes collatérales. Cela ne servait à rien, expliqua-t-on à Hassan. Les cibles, pour la plupart, n'étaient jamais isolées. Elles vivaient au milieu des femmes, des enfants, de villageois plus ou moins complices. Hassan, révolté dans son cœur, conserva une impassibilité de façade. Il avait bien appris. Seule la victoire importait et il fallait de la patience pour vaincre.

En quittant la base de Khost, Hassan n'avait toujours pas décidé quelle serait sa cible. Il voulait en parler avec Mehsud. Plusieurs fois, ils avaient abordé le sujet ensemble. Ils s'étaient accordés sur le principe que l'attentat devait tuer le plus d'Américains possible, mais n'avaient rien défini. Parfois, les deux amis rêvaient à haute voix. Hassan était invité à la Maison Blanche… rien que ça. Il ne laissait pas son manteau au vestiaire, car un peu trop frileux. Et puis, ils éclataient de rire à la pensée de leur projet absurde. Ce qui l'était moins, c'était de tuer un bon paquet d'agents américains. La CIA lui faisait confiance. Il était devenu leur coqueluche. Hassan savait toutefois que, s'il voulait faire un gros coup, il lui faudrait prendre des risques. Le plus grand risque pour lui n'était pas de mourir, puisque c'était son souhait, mais de finir à Guantanamo en tenue orange, ou pire, entre les mains des Jordaniens.

Mehsud lui avait plusieurs fois conseillé de faire confiance à son instinct. Chez un bon musulman, disait-il, l'instinct est un signe divin. Allah souffle dans les oreilles du moudjahed. Dans la prière, le véritable croyant apprend ce qu'il doit faire.

Hassan était à un moment de sa vie où la religion gouvernait sa moindre pensée. La mort l'habitait déjà. C'était un sentiment étrange, une sorte de quiétude paradoxale. Son corps se révoltait à l'idée de la fin prochaine. C'était l'instinct de survie, purement animal. Son âme, en revanche, était prête. Mais il ne voulait pas mourir pour rien. Il voulait emporter avec lui un maximum de chiens, peut-être même un chenil si Dieu le voulait bien.

Curieusement, il n'y avait qu'une seule personne qu'il aurait voulu épargner. Une femme, la chef de la base de Khost. Malgré ses cours de taqiyya, Hassan ne se faisait pas à l'idée de la tuer. Peut-être parce qu'elle était une femme. Peut-être parce qu'elle était gentille avec lui et ne critiquait jamais l'islam. Peut-être parce qu'elle connaissait aussi bien le Coran que lui. Certes, elle était américaine et un agent important de la CIA. Un ennemi, en somme, mais il y avait chez elle une douceur, une compréhension qui faisait douter Hassan. Il récitait alors ses versets sur la taqiyya. Il se refermait, se souvenait d'Abou Abdellah. Il laissait sa haine revenir, l'envahir de nouveau.

Mais elle, il ne parvint jamais à la haïr. Il apprit qu'elle était mère de famille, que quelque part aux États-Unis, une petite fille de six ans et un petit garçon de quatre ans l'attendaient. Elle lui montra une photographie de ses enfants. Pour la première fois depuis longtemps, il pensa à ses filles, à ce qu'elles allaient devenir sans lui. Il ne pensa pas aux enfants de cette femme.

La fille de l'agent de la CIA était toute blonde, avec les cheveux clairs des filles du Texas. Pourtant, à ces quelques détails près, c'était une petite fille comme les siennes. Ses cours de taqiyya pouvaient-ils quelque chose contre cela ? Comme il l'avait fait pour Sharif, Hassan éprouva le besoin de connaître le prénom de l'agent de la CIA. C'était contre les règles de la taqiyya de poser ce genre de questions et c'était probablement contre les règles de la CIA d'y répondre. Elle n'y répondit pas vraiment puisqu'elle déclara avec un petit sourire qu'elle s'appelait Jane. Pour montrer qu'il n'était pas dupe, il dit que dans ces conditions il s'appelait Tarzan. Et puis Hassan se mit à rire. Il n'avait pas ri comme cela depuis une éternité. C'était un rire magique, libérateur ! Mais Hassan se reprit. Cette femme, cette Américaine aux yeux clairs était en train de l'ensorceler. Elle était plus âgée que lui mais elle était belle. Quand Jane remit la photographie de ses enfants dans son portefeuille, Hassan pensa qu'elle avait un mari qui l'attendait quelque part dans son pays, pendant qu'elle faisait la guerre sur une terre étrangère. Et puis Hassan pensa à sa femme. C'était devenu rare ces derniers temps. Il se souvint de la douceur de sa peau, de la chaleur de son corps, de l'humidité de ses lèvres. Hassan se dit qu'il fallait en finir vite, très vite.

Le lendemain, Hassan apprit que Mehsud était mort. Il n'y était pour rien, mais devint fou de rage. La veille au soir encore, il aurait pu tout abandonner. Il ne se sentait plus le courage, à cause de l'Américaine, de la photo de sa femme, de ses filles, du temps qui passe, de la lassitude. La mort de Mehsud changea tout. Un drone l'avait atteint, lâchement, sans combat, sans espoir, sans lutte. C'était la façon de faire des Américains. Les États-Unis ne voulaient plus de sacs plastique comme au Vietnam. Hassan n'en revint pas. Comment avaient-ils pu lui faire ça ? S'étaient-ils moqués de lui depuis le début ? Il contacta Jane, lui demanda des explications. Il ne comprenait pas. Les Américains ne voulaient-ils pas Al Zawahiri ? Et s'ils le voulaient vraiment, pourquoi avoir tué celui qui pouvait les mener jusqu'à lui ? Jane n'avait pas de réponse. Jane n'était qu'un agent de la CIA sur le terrain. Sans doute cette opération avait-elle été décidée à la va-vite. Un coup de téléphone et voilà : Mehsud était localisé et on pouvait le droner si le feu vert était donné par Washington. Dans la balance, il y avait ce cadeau de Noël encore improbable, cette chance de gagner le gros lot : Al Zawahiri peut-être d'un côté et de l'autre Mehsud à coup sûr. Ce soir-là, la Maison Blanche opta pour Mehsud, espérant, sans trop y croire, que l'opération Zawahiri n'en pâtirait pas définitivement. Un autre soir, la Maison Blanche en aurait décidé autrement, question de feeling, de philosophie du moment. La discussion entre le président et le directeur de la CIA s'était achevée par « un tiens vaut mieux que deux tu l'auras ». Elle aurait pu tout aussi bien s'achever par « qui ne risque rien n'a rien ». Les vagues explications de Jane sur la mort de Mehsud attisèrent la haine d'Hassan. Mehsud avait été son mentor, son ami, son émir. Il parvint à se maîtriser en se récitant plusieurs fois le verset qui le berçait dorénavant.

Un matin, dix jours exactement après la mort de Mehsud, Hassan sut très exactement ce qu'il voulait faire. La taqiyya ne lui demanda plus aucun effort. Il attendait que l'occasion se présentât, c'était tout. Pour rassurer les Américains, Hassan repartit au Waziristan. Il prétendit qu'il allait renouer le contact. En réalité, il tenait à présenter ses condoléances au fils aîné de Mehsud. Il voulait également enregistrer un message vidéo posthume. L'inconvénient de la taqiyya était de devoir mourir sans avoir verbalisé sa haine. Devoir feindre jusqu'au bout alors qu'Hassan aurait tant aimé leur dire en face à quel point il les détestait. Grâce à la vidéo, Hassan savait que son message serait entendu. C'était mieux que rien.

À son retour, il galvanisa les Américains. Rien n'était perdu. En fait, la mort de Mehsud n'avait rien changé. Le fils de Mehsud lui avait indiqué qu'Al Zawahiri voulait le rencontrer. Aucune date n'était précisément fixée. Hassan devait passer tout le mois de janvier au Waziristan et Al Zawahiri ferait son apparition, si Dieu le voulait, au moment opportun. Jane était particulièrement soulagée. Elle pensait que l'opération n'aurait plus aucune chance d'être menée à bien et voilà qu'Hassan était parvenu à renouer le contact.

Comme l'anniversaire d'Hassan approchait, Jane vit là une occasion rêvée d'organiser une petite fête pour remotiver l'équipe. Hassan était très apprécié par Jane et par tous les autres agents du poste de la CIA de Khost. L'idée d'une fête d'anniversaire fut accueillie avec beaucoup d'entrain. Jane prépara tout et s'occupa du gâteau. Quant au cadeau, ce fut un peu plus compliqué. Avec beaucoup d'insistance, elle parvint à obtenir l'autorisation de la direction pour faire venir Hassan, sa femme et ses deux filles aux États-Unis pendant quinze jours. Elle voulait leur faire découvrir Washington et New York. Elle imaginait déjà leurs yeux écarquillés en découvrant Time Square. Jane prévint Hassan la veille au soir qu'elle viendrait le chercher le lendemain pour l'amener à la base de Khost. Elle lui parla seulement d'une grande réunion de travail car elle voulait lui faire la surprise. Hassan était soulagé. Il était pressé d'en finir. L'occasion se présentait. Une grande réunion, cela voulait dire beaucoup d'agents de la CIA. Hassan était surtout heureux de pouvoir agir au cœur du dispositif de drones de la CIA. C'était à partir de là que les Américains tuaient ses frères sans leur laisser la moindre chance, qu'ils avaient tué Mehsud, en appuyant sur un simple bouton. Hassan aussi presserait un simple bouton.

Il sortit la ceinture d'explosifs que lui avait donnée le fils de son ami et la regarda longuement. Puis il la rangea et pensa à sa femme et ses enfants. Il n'avait plus le temps de les revoir une dernière fois. C'était mieux ainsi. Les règles de la taqiyya imposaient de ne rien laisser transparaître auprès de ses proches et Hassan n'était pas certain d'avoir cette force-là. Embrasser sa femme, caresser les cheveux fins de ses filles pour la dernière fois : beaucoup d'émotion à contenir.

Jane était particulièrement enjouée quand elle vint chercher Hassan à Banna. La route fut sans embûches jusqu'à Khost. Hassan était emmitouflé dans une grosse parka à col de fourrure. Il faisait très froid, environ moins 5 degrés. Hassan parlait peu. Il aurait voulu que Jane ne soit pas là. Mais c'était écrit. Si Dieu avait voulu qu'elle vive, elle ne serait pas là. Pendant tout le trajet, Hassan ne douta pas. Si la sécurité faisait mine de vouloir le fouiller à l'entrée du camp, il se ferait sauter tout de suite. L'opération serait ratée mais il aurait essayé. Hassan avait été entièrement fouillé lors de sa première venue à Khost. Il y avait peu de chance qu'il ne le soit pas cette fois-ci.

Il ne le fut pas. Jane dit quelques mots à un militaire de la sécurité qui reconnut Hassan et lui adressa un petit salut amical, tandis qu'un autre militaire passait le « miroir » sous le véhicule de Jane. Était-ce parce que Hassan était connu ? Pas seulement. Était-ce parce que chacun savait qu'on lui avait préparé une petite surprise pour son anniversaire ? Sans doute. Il était la star de la journée et presque toute l'équipe de Jane s'était réunie pour lui faire la surprise, pas moins d'une dizaine d'agents de la CIA. Sharif était également présent. En entrant dans la pièce décorée d'un bandeau « Happy birthday », Hassan fut surpris. Il avait oublié que c'était son anniversaire. Il se dit que c'était un bon jour pour mourir. Quand tous se mirent à entonner le « Happy birthday », Hassan se sentit très seul. Quelqu'un lui demanda s'il n'avait pas trop chaud dans sa parka. Jane insista également pour qu'il se mette à son aise tout en riant de le voir si décontenancé par sa petite surprise. Hassan descendit la fermeture Éclair de sa parka et appuya sans hésiter sur le bouton. À ce moment précis, il ne pensa absolument à rien.

Pourquoi les loups ne sont-ils pas solitaires ?

Le phénomène du « Jihad individuel » est très éloigné de l'image du « loup solitaire ». Les « solistes du Jihad » jouent une partition qui n'est pas la leur. Ils suivent une stratégie définie par d'autres. Ils ressemblent à un gardien de but au moment du tir du penalty, solitaire, mais avec une équipe derrière et des règles de jeu. Car le gardien de but poursuit le même objectif que toute son équipe même si, au moment précis du tir, il est seul à jouer.

Les agissements de Mohamed Merah n'étaient que la sinistre concrétisation d'une menace pérenne et parfaitement connue : celle du « Jihad individuel », qui faisait peur depuis longtemps aux policiers et magistrats spécialisés. Rien de bien nouveau. Mais comme nous avions confiance en nous, comme nous avions toujours réussi à ne pas être débordés et comme Merah avait réussi là où tant d'autres avaient échoué, il y eut la tentation de faire de cette affaire un cas à part. Nous ne pouvions pas avoir été pris de court par un phénomène ancien et connu, celui de l'auto-entrepreneur jihadiste sous franchise Al Qaida. C'est alors que l'image du « loup solitaire » sortit du bois. Mohamed Merah était un loup solitaire et c'est pour cette raison qu'il nous avait échappé. Il était, comme l'avait chanté Renaud, une bande de jeunes à lui tout seul, à la fois « le chef et le sous-chef ».

Cette notion de loup solitaire était pourtant bien contestable car les loups, en réalité, vivent en meute. Certains commentateurs de l'affaire Merah, englués dans le cliché médiatiquement sexy du « loup solitaire », confondirent des notions bien distinctes, l'entreprise individuelle d'une part, l'exécution par un seul homme d'un attentat terroriste d'autre part. Qu'un terroriste passe seul à l'action ne signifiait pas *ipso facto* qu'il en soit l'unique responsable. Le passage à l'action individuel était devenu depuis longtemps la norme, avec la prolifération des attentats kamikaze. Or, personne ne parlerait de « loup solitaire » pour un kamikaze actionnant sa ceinture d'explosifs au milieu d'une foule. Non pas que le terrorisme individuel ne puisse pas exister, mais en matière de terrorisme islamiste, le cas ne s'était simplement jamais présenté. Cela tenait, et tient toujours, au processus long et complexe qui transforme un individu en fou de Dieu prêt à agir. Ce processus est très différent de celui qui amène par exemple un homme à liquider la moitié d'une classe d'un campus aux États-Unis et, d'une manière générale, du passage à l'acte des auteurs de grands massacres sans connotation idéologique, ou avec une connotation idéologique de faible intensité. Alors que de nombreux meurtriers de « droit commun » sont souvent décrits comme des individus taciturnes qui se sont repliés peu à peu sur eux-mêmes, le processus de construction d'un terroriste islamiste passe par la recherche de ses semblables. Une religion, même extrémiste, constitue un lien entre les hommes. Une idéologie se partage puisqu'il s'agit d'idées. Il n'existe donc aucune idéologie individuelle.

Le besoin de se regrouper existe à des degrés divers selon les individus, les situations et les étapes du processus criminel. Les analyses fines des criminologues, y compris en matière de terrorisme islamiste, ont catégorisé à l'infini les différentes étapes qui mènent un individu normal sur la voie du terrorisme. Le problème rencontré avec le terrorisme fondamentaliste est qu'il ne peut pas coller avec les schémas de la criminalité passionnelle ordinaire. Il n'est pas une affaire de simple passion mais aussi une affaire de politique. Il y a ceux qui tirent les ficelles et il y a les marionnettes. La notion de Jihad elle-même se trouve aux confins de la religion et de la politique. Prendre les armes pour défendre une terre musulmane ou conquérir une terre qui ne l'est pas encore, afin qu'elle le devienne, est un acte politique de guerre dans un but ultime de nature religieuse, assurer l'application de l'islam sur un territoire donné. La passion religieuse est donc présente chez le jihadiste. Elle le sera encore plus chez le terroriste, mais n'explique pas à elle seule le passage à l'acte puisque celui-ci doit s'inscrire dans une perspective politique pour être reconnu comme relevant du Jihad ou du terrorisme. Le passage à l'acte dans le cadre d'un crime passionnel ne correspondra pas avec le passage à l'acte terroriste. De même, les crimes pulsionnels commis par un individu qui « pète les plombs » ne résultent pas du même processus que ceux commis par un terroriste. Il pourra y avoir des ressemblances, mais guère plus. Le commentaire d'un célèbre humoriste français à la suite de l'affaire Merah est à ce titre très intéressant : « C'est terrible ce qu'on est en train de faire avec cette histoire de Toulouse. Au lieu de dire que Mohamed Merah est un marginal, que son acte est un acte isolé, on lui donne une idéologie qu'il n'avait pas au départ. Je les connais, les Mohamed Merah. Il y a plein de Mohamed Merah qui ne deviennent pas des Mohamed Merah… N'importe quel frustré est un malade potentiel. On le sait. N'importe qui peut basculer… Donc évidemment, un gamin instrumentalisé par la société, exclu de la société, a tous les risques de basculer. Il est sorti frustré de prison. On lui dit non pour le service militaire ; on lui dit non pour la légion où, normalement, on accepte tout le monde[1]. »

1. Il s'agit d'une interview donnée par Jamel Debbouze à la journaliste Fabienne Bradfer, le 29 mars 2012. Même si ce qu'il dit est en grande partie exact, je ne pense pas que l'on puisse réduire les événements à une réaction de jeune frustré. Derrière, il y a tout un processus de radicalisation et de passage à l'acte spécifique au terrorisme.

Les réflexions de cet humoriste étaient de bon sens mais incomplètes. Un jeune exclu de la société a tous les risques de basculer, mais le basculement dans le terrorisme est bien particulier. Il diffère du basculement dans la drogue, l'alcool, la délinquance ou même la criminalité la plus violente. Il est exact que la frustration amène à la recherche d'autre chose et qu'à force de chercher sans trouver, un jeune, de frustration en frustration, peut sombrer. Mais dans le processus terroriste, le jeune initialement frustré a trouvé. Il n'est plus frustré, et c'est à ce moment-là, suprême paradoxe, qu'il passe à l'acte.

Le passage à l'acte du terroriste n'est donc qu'indirectement lié à une frustration originelle, alors que la frustration est la cause immédiate du crime violent commis par un jeune devenu incontrôlable. Un jeune délinquant de banlieue, désœuvré et frustré, sait très bien, lorsqu'il commet un délit, qu'il n'a pas trouvé sa voie. Il est toujours en état de frustration et ses actes criminels ne font que traduire violemment cet état. Le terroriste fondamentaliste est au contraire persuadé d'avoir trouvé sa voie. Il en est persuadé parce qu'il est passé par des étapes que son cousin de banlieue n'a pas connues. Un Mohamed Merah peut parfaitement ressembler à n'importe quel délinquant de banlieue. Il peut s'habiller pareil, ne pas porter la barbe, avoir le même accent de banlieue, mais dans sa tête quelque chose a changé qui l'a fait suivre une voie radicalement différente. La frustration n'aura été que le point de départ de son cheminement.

À la lumière de nos dossiers terroristes, il semblerait que ce cheminement se fasse, la plupart du temps, en trois étapes : la radicalisation, l'exploitation et enfin le passage à l'acte terroriste.

Au commencement, il y a la radicalisation. Peu importe le nom qu'on lui donne. Que les salafistes l'appellent le retour aux sources du vrai islam, à la loi des ancêtres, ou que nous considérions qu'il s'agisse d'un refus de la modernité, d'un retour à l'obscurantisme, d'une vision simplifiée d'un monde meilleur où tous nos pas seraient guidés par la pratique et les dires du Prophète. Que l'on pense blanc ou noir, le point de départ est en tout cas connu. La démarche consiste à penser que l'on est dans l'erreur et que, pour retrouver la vérité, il faut revenir au texte fondateur, à la source de la vérité et s'y abreuver. Cette recherche de l'absolu n'est pas un crime. Elle s'apparente à celle d'une innocence perdue, d'un retour à la pureté. Tous les fondamentalismes ont ceci en commun. Celui qui resterait à ce stade de la recherche personnelle, de l'apprentissage individuel de règles de vie exigeantes serait aussi inoffensif qu'un ange. Mais l'homme n'en reste jamais là. Il veut créer autour de lui l'absolu dont il rêve. Il veut que les autres soient comme lui. Il ne se suffit pas à lui-même.

La radicalisation s'opère de diverses façons : lectures, Internet, rencontre d'un mentor. L'autoradicalisation, terme à la mode, est en revanche vide de sens. Même s'il est seul devant un écran d'ordinateur, surfant sur le web, passant de liens en liens, comment prétendre qu'un individu puisse s'auto-radicaliser ? Comme s'il n'y avait personne de l'autre côté de l'écran, personne derrière les sites islamistes ! Comme si la propagande jihadiste diffusée sur ces sites n'était pas pensée, construite, élaborée sciemment par des administrateurs, des modérateurs, des super-modérateurs ! Comme si les groupes terroristes n'avaient pas leurs rabatteurs internautes ! Ce qu'on appelle l'autoradicalisation n'est rien d'autre que la radicalisation du XXIe siècle. Le vecteur de radicalisation change et l'image l'emporte sur l'écrit. Dans cette civilisation de l'image, les vidéos jihadistes ont plus de succès que les écrits des théoriciens du Jihad. Pour autant, la radicalisation par Internet n'a pas remplacé entièrement les contacts charnels. Si le terme inexact d'autoradicalisation est censé désigner une personne qui se serait radicalisée uniquement sur Internet, le cas reste exceptionnel. Le besoin de rencontrer physiquement ses semblables, d'échanger directement avec eux et non par écran interposé est beaucoup trop fort. Le web facilite la mise en relation mais n'exclut pas des rapports physiques. Que l'on discute théologie à la mosquée, dans une salle de prière improvisée, dans la rue, chez des amis, par téléphone ou Internet, c'est toujours un peu la même chose. Il s'agit de jauger, de trouver celui qui nous correspond. Puis la radicalisation se conforte. La curiosité initiale laisse place à la fascination. On ne cherche plus l'information, on cherche à consolider des opinions déjà faites. Le fondamentalisme nous attire et c'est pourquoi on n'ira plus chercher la contradiction. Il nous faudra uniquement des discours qui renforcent nos convictions naissantes. L'Amérique est l'ennemie ? On ne lira plus que des textes fustigeant l'ennemi. On ne regardera plus que des images nous confortant dans notre certitude de leur barbarie.

La phase de radicalisation peut aller très vite, d'autant plus quand l'individu est jeune et peu à même d'apprécier les alternatives, de faire jouer un sens critique. Elle dépendra aussi, dans sa rapidité et sa force, de l'entourage. De plus en plus, nous constatons dans nos dossiers avec quelle célérité un jeune musulman peut se radicaliser dans un univers favorable. Il n'est guère étonnant, entre le bombardement Internet, l'environnement extérieur lui-même de plus en plus radical dans certains quartiers, l'absence d'autres centres d'intérêt, qu'un jeune puisse adopter si rapidement des idées extrémistes. Le constat est alarmant en ce qui concerne les mineurs. Il était extrêmement rare, avant le début des années 2000, qu'un mineur soit impliqué dans un dossier terroriste. Influençable, sans repère, avec des notions du bien et du mal relativement floues, une culture générale absolument nulle, le mineur est devenu le sujet idéal de radicalisation. En deux mois, pas plus, un jeune de seize ans peut devenir un salafiste convaincu, sans avoir rien compris à l'islam et encore moins au salafisme. La seconde étape peut commencer… ou pas. À ce stade, tout est une question de chance. La radicalisation peut s'effriter. Il est difficile de rester pur sans autre but que la pureté dans un monde impur. Si la pureté ne mène pas rapidement à autre chose de plus exaltant, à quoi bon ! Il est difficile pour un adolescent de seize ans de devenir radical uniquement dans l'attente de l'autre vie. Il lui faut un peu de mouvement, d'action. À part les privations, le radicalisme n'amène rien en ce monde. Il n'est pas apte à gérer les frustrations. Certains jeunes qui s'étaient radicalisés retournent donc en arrière. Ils y retournent car il ne s'est rien passé.

D'autres passent à l'étape suivante, celle que l'on appelle souvent l'endoctrinement. Le mot « exploitation » est plus exact. Il intègre l'idée du profit et donc d'un profiteur. Car l'exploitation est l'œuvre d'un autre. Le jeune radicalisé, c'est-à-dire sensibilisé, est mûr pour une autre vision de l'islam et pour donner un sens à sa vie. À partir de là, la radicalisation prête à mourir faute d'épanouissement va être cueillie à temps. Là encore les noms varient. L'exploitant s'appelle mentor, gourou, imam, émir, savant, prêcheur, grand frère. On l'appelle comme on veut mais il est indispensable. L'exploitation, c'est la phase nécessaire consistant à tirer profit de la radicalisation acquise pour parvenir à légitimer le passage au troisième acte, l'acte ultime, l'acte terroriste. Parler de loup solitaire consiste à imaginer que la personne radicalisée pourrait passer à l'acte en auto-exploitant sa radicalisation, sans aucune intervention extérieure. Ce n'est dans l'absolu pas impossible mais c'est encore inédit en matière de terrorisme islamiste.

L'exploitation de la radicalisation, cependant, ne sera efficiente que si les circonstances politiques le permettent. Les qualités propres du mentor sont bien entendu très importantes. La capacité de convaincre de « l'exploitant » est essentielle mais insuffisante. Il faut tout de même disposer d'arguments pertinents. Considérer qu'un mentor saura convaincre un jeune musulman de passer à l'acte terroriste sans développer des arguments solides serait une erreur. Il ne peut pas leur faire avaler n'importe quoi. Bien sûr, il y parviendra sur certains esprits particulièrement dociles, mais le mentor ne fera que quelques rares émules. En revanche, la situation devient très dangereuse quand le mentor est doué d'une capacité de persuasion importante et que la situation politique lui donne des arguments solides. La conjonction de ces deux facteurs est explosive. Le poids des arguments doit s'apprécier, non de notre point de vue, mais de celui des jeunes radicalisés auxquels ils s'adressent. Certains arguments d'exploitation peuvent ainsi nous paraître absurdes mais s'inscrivent au contraire à merveille dans un contexte de radicalisation. Nous considérons par exemple qu'utiliser la loi interdisant le voile intégral pour motiver un jeune à passer à l'action est disproportionné, que l'argument est trop faible. Ce motif, cependant, s'il s'inscrit comme un point d'orgue démontrant que l'Occident et la France en veulent à l'islam, peut suffire. L'exploitant ne convaincra pas son élève de passer à l'acte parce que la loi sur le voile intégral a été votée. Il le convaincra en lui disant que l'islam a été agressé une nouvelle fois, comme le prouve la loi sur le voile intégral. Néanmoins, puisqu'il s'agit d'un argument de faible intensité sur le terrain politique, le mentor peinera à persuader bon nombre de ses fidèles de la nécessité de tuer pour un motif de cette nature, à la fois trop général (l'islam est agressé) et trop spécifique (la loi sur le voile intégral vient d'être votée).

La tâche de l'exploitant sera beaucoup plus aisée dans une situation politique objectivement utilisable sur le terrain du dogme. Vu que nos terroristes ne se reconnaissent pas comme tels mais affirment leur identité de moudjahidin, toute situation permettant de légitimer le jihad est une porte ouverte à l'exploitation de la radicalisation. Il fut par exemple facile, pour quelques prêcheurs, de convaincre de nombreux musulmans de partir faire le Jihad en Irak. Une situation claire permettait de développer des arguments simples et facilement compréhensibles par le plus grand nombre : l'Amérique, malgré l'opposition de la communauté internationale, avait agressé l'Irak. Cette agression se fondait sur des motifs inexistants, la prétendue possession par l'Irak d'armes de destruction massive et ses liens imaginaires avec Al Qaida. Le véritable but de l'Amérique était de s'approprier une terre d'islam et en tout cas ses richesses. Il s'agissait donc d'un cas manifeste de légitime défense, un cas d'école : les conditions du Jihad défensif étaient réunies.

Le processus radicalisation/exploitation/passage à l'acte fonctionne comme un entonnoir. Plus nombreuses seront les personnes radicalisées et plus conséquent sera le vivier pour la phase d'exploitation. Néanmoins, l'entonnoir se resserrera inévitablement si, malgré un vivier important de personnes radicalisées, les possibilités d'exploitation sont réduites : sans argument valable, le basculement des personnes radicalisées n'est pas sûr. Nous avons connu dans notre histoire récente des moments où la conjonction entre un vivier radical important et des arguments politiques solides était manifeste. Après le coup d'État en Algérie de 1992, une partie importante des jeunes musulmans français, surtout d'origine algérienne, fut sensible aux discours des imams dont certains étaient d'ailleurs des membres du FIS en exil. L'exploitation de leur radicalisation était facilitée par deux arguments de poids. Le premier, et sans doute le plus important, était la démonstration faite de l'échec de la voie politique pour instaurer la suprématie de l'islam. La France, patrie des droits de l'homme qui se vantait d'être le phare de la démocratie, n'avait pas condamné le coup d'État algérien, prouvant qu'elle s'asseyait sur ses grands principes quand cela l'arrangeait. Le second argument permettait de désigner la cible, c'est-à-dire la France. Non seulement ce « pays hypocrite » n'avait pas condamné le coup d'État des militaires mais il leur apportait une aide intéressée pour vaincre la révolution islamique. Du vivier radicalisé soumis à une exploitation efficiente sortirent de nombreuses vocations terroristes. Les groupes de soutien aux GIA algériens étaient particulièrement fournis à la veille de la campagne d'attentats de 1995 et les opérations « coups de pied dans la fourmilière » débutées tambour battant en 1993 ne suffirent pas à écarter la menace. Le rôle des services algériens, accusés d'avoir attisé parfois le feu du terrorisme – pour qu'il ne s'éteigne pas, et même pour qu'il prenne de la vigueur –, n'eut pas d'incidence directe sur la radicalisation de nos banlieues. Quelle que soit la personne aux manettes en Algérie, un général algérien ou un émir islamiste, voire les deux à la fois, les jeunes musulmans de France et d'Europe qui apportèrent leur aide au réseau d'Ali Touchent[1] le firent pour « la cause ».

La période de la guerre en Irak fut intéressante, en comparaison des années 1990. La France ne s'était pas engagée dans le conflit irakien. Elle avait été au contraire très présente sur la scène internationale et en particulier à l'ONU pour empêcher l'Amérique d'obtenir le soutien de la communauté internationale. Les Américains s'étaient mis à boycotter les produits français. Nous aurions donc pu penser que la France ne serait pas un vivier pour les groupes jihadistes œuvrant en Irak. Pourtant, nous ne vîmes jamais autant de vocations éclore en si peu de temps.

1. Ali Touchent fut le maître d'œuvre de la campagne d'attentats en France du GIA de 1995. Il passa systématiquement entre les mailles du filet. Il était soit du signe du poisson, soit remarquablement informé.

Le nombre de jeunes radicalisés s'était accru grâce à l'apparition d'un outil de propagande nouveau, Internet, tandis que les arguments politiques d'exploitation étaient très puissants. Il existait toutefois une différence de taille : la France n'était pas la cible. Nous étions face à une situation inhabituelle. De jeunes musulmans voulaient partir faire le Jihad mais n'avaient en théorie aucune mauvaise intention à l'égard de la France. Les « exploitants », c'est-à-dire les « terroristes professionnels », nous détestaient toujours autant. Ils n'avaient cependant aucun argument d'exploitation suffisant pour convaincre un jeune Français ou résident français de s'en prendre à la France à son retour. Les jeunes moudjahidin savaient que l'Hexagone s'était opposé à l'Amérique et le message aurait été politiquement incompréhensible. Pourtant, nous eûmes des projets d'attentats sur notre sol. Puisque la France ne pouvait être raisonnablement ciblée, tout l'art consista à contourner l'obstacle. C'est ainsi que le groupe Al Zarqaoui réussit à convaincre quelques individus de la légitimité de commettre des attentats chez nous en arguant que la cible ne serait pas la France mais l'un des États engagés sur le terrain en Irak. Et la France ne manquait pas de cibles italiennes, anglaises ou américaines ! Évidemment, ce choix sélectif ne changeait pas grand-chose pour nous. Une bombe qui explose à Paris, même dans un lieu fréquenté, par exemple, par des Américains, reste une bombe qui explose à Paris.

La métamorphose

Tout est allé si vite. Aujourd'hui je sais que c'est allé très vite... pas plus de deux ans. Et pourtant, pendant ces deux années, le temps m'a paru s'écouler très lentement. Je n'ai pas vu le basculement. La religion ne me faisait pas peur. Sinon, j'aurais sans doute réagi violemment, comme mon mari. Mais il n'était déjà plus là. Et ça aurait changé quoi ? Je me dis tout de même que, si nous avions été soudés, les choses se seraient passées autrement. Peut-être aurions-nous pu lui apporter ce qui lui manquait ? Mais que lui manquait-il ? Aujourd'hui, je n'en sais toujours rien. Je n'ai que des hypothèses, des regrets et un sentiment insupportable de culpabilité.

La conversion progressive de Stéphane a commencé quand plus rien n'allait entre son père et moi. Comme nous avions d'autres préoccupations, nous n'avons rien vu venir. Stéphane avait seize ans. Il était en pleine adolescence. Il se posait beaucoup de questions métaphysiques, mystiques, des questions sur la vie, la mort, Dieu et les hommes. Et il cherchait les réponses. Nous, nous étions athées, laïcs, français, républicains. Nous ne connaissions rien à Dieu ni aux religions. Nous n'en avions pas peur. C'était tellement étranger à notre vie, à nos préoccupations, à nos angoisses. Angélique, la sœur de Stéphane, nous inquiétait beaucoup plus. À quatorze ans, nous trouvions qu'elle jouait un peu trop à la femme. C'étaient des inquiétudes typiques de parents français du XXIe siècle. Si nous lui faisions une remarque, c'était le drame. Elle nous parlait comme à du poisson pourri. Elle semblait révoltée, sur les nerfs. Stéphane, au contraire, était doux et réservé. Il travaillait bien au lycée. Pas de drogue, pas de cigarette, très peu d'alcool, apparemment pas de petite amie. D'ailleurs, nous aurions préféré qu'il ressemble un peu plus aux jeunes de son âge, un flirt, une petite cuite de temps en temps, sans aller trop loin bien sûr. Mais il était rassurant. Il n'y avait pas de problèmes avec lui. Nous étions toujours en train de crier sur sa sœur. C'était bien suffisant. Nous avons très vite constaté que Stéphane avait besoin de spiritualité. Je ne sais pas comment appeler cela. Il s'intéressait très peu aux choses matérielles. C'était un calvaire de lui trouver un cadeau autre qu'un livre sur les astres, les religions ou la philosophie. Il se plongea d'abord dans la Bible. A-t-on déjà vu des parents inquiets parce que leur fils lit la Bible ? Stéphane était baptisé mais nous ne l'avions jamais inscrit au catéchisme. Il n'avait pas fait sa communion. Manifestement, Stéphane ne fut pas vraiment convaincu. Je me souviens qu'il me posait beaucoup de questions auxquelles je n'avais pas de réponse, des questions sur l'Ancien Testament et sur la religion catholique. Il ne comprenait pas de quelle façon, à partir de la Bible, une telle religion avait pu voir naissance. Il lui semblait qu'il y avait un gouffre entre le texte fondateur et l'Église catholique. Je lui faisais les réponses convenues que tout laïc était capable de faire : « Dieu était une chose, les religions étaient tout autre chose. » C'est à cette époque-là qu'il s'est mis à la lecture du Coran. Il était enthousiaste. Il me disait que dans l'islam, l'homme était directement en rapport avec Dieu, sans intermédiaire, sans pape, sans curé, sans mitre, sans grande pompe ni robe pourpre. Petit à petit, il s'est mis à traîner du côté de la mosquée. Il n'y entrait pas car il n'était pas musulman mais il tournait autour. Je crois que c'est là qu'il a dû rencontrer Ahmed.

Ahmed était un gentil garçon. Il est souvent venu à la maison. Il était d'une politesse inhabituelle. Il appartenait au mouvement tabligh* et il m'a expliqué que les tablighi faisaient du porte-à-porte pour prêcher l'islam pur des ancêtres. Il fallait selon eux revenir à une pratique rigoriste de l'islam pour que la société tourne mieux, soit plus juste, qu'il y ait moins de vices et de violence. Ahmed était doux, calme, posé. Il était difficile de ne pas être d'accord avec lui. Stéphane lui ressemblait. J'ai tout de même eu du mal à me faire à la nouvelle apparence de

Stéphane. Sur Ahmed, le long kamis blanc me faisait plutôt sourire. Mais Ahmed était d'origine algérienne. Quand Stéphane adopta la même allure, kamis blanc, sandales en cuir et une petite barbe clairsemée, j'eus du mal à l'admettre. Je me fis une raison. Finalement, il avait un peu le look « peace and love » des années 1970 et ça lui passerait. Et puis, excepté son apparence, Stéphane n'avait pas changé. Il était toujours un garçon doux et calme. La seule différence, c'est qu'il semblait plus heureux.

Stéphane nous annonça qu'il s'était converti à la religion musulmane. Nous nous en doutions mais je ne pensais pas que c'était si facile. Une profession de foi suffisait, m'expliqua-t-il. Les musulmans appelaient cela la « Shahada ». Cela consistait à proclamer qu'il n'y avait de Dieu que Dieu et que Mohamed était son prophète. Je n'étais pas inquiète mais un peu triste. J'avais toujours pensé que mon fils porterait des jeans, des baskets, écouterait de la musique qui me casserait les oreilles et sortirait avec des filles. Mais ce n'était pas du tout cela. Du coup, je n'avais plus aucun repère. Mon fils m'échappait et c'est cela, je pense, qui me rendait triste. D'autant que Stéphane ne voulait plus qu'on l'appelle Stéphane. Il avait pris un nom musulman. Maintenant, il s'appelait Abou Bakr. De plus, son père et moi commencions à nous disputer sur à peu près tout. Avant, Angélique était notre sujet de dispute le plus habituel. Maintenant, nous nous disputions aussi au sujet de Stéphane. Je dois reconnaître que c'est moi qui avais tort. Patrick voulait arrêter ce « cirque » tout de suite, interdire à Stéphane de se promener « habillé en clown » dans les rues avec des « savates » aux pieds. Moi, je ne voyais pas comment le lui interdire. Je disais à Patrick que ça allait être pire si on s'en mêlait, qu'il fallait mieux attendre que ça lui passe. Je prenais souvent l'exemple d'un ancien ami de Stéphane, le fils de l'un de nos voisins. Il était en prison à Boissy pour trafic de drogue. Il n'était pas le seul copain de Stéphane à avoir fait des conneries. C'était souvent la drogue, mais aussi pas mal de vols, de violences, parfois même des agressions sexuelles. Je m'en servais comme argument auprès de son père quand les engueulades entre lui et son fils prenaient des proportions inquiétantes. Je disais à Patrick que Stéphane n'avait jamais fait de conneries, n'avait jamais eu le moindre problème au lycée ou avec la police. Il avait de bonnes notes et un comportement irréprochable. Un soir, Patrick a été particulièrement dur... pas avec Stéphane pour une fois, mais avec moi. Alors que nous étions tous les deux dans la chambre, il m'a dit que j'étais vraiment trop conne. Il m'a dit aussi que ça n'allait pas durer, les bonnes notes. Il m'a dit que Stéphane allait être rejeté par ses copains, par ses profs, par tout le monde. On se foutait déjà de lui depuis qu'il faisait du porte-à-porte pour prêcher la bonne parole. S'il en profitait au moins pour vendre des croissants ! Il m'a surtout dit que Stéphane allait se replier comme une huître, qu'il ne fréquenterait plus que des fêlés dans son genre. Là encore, Patrick avait raison. Il m'a dit aussi qu'il allait basculer, disparaître. Il ne voudrait plus étudier, plus travailler. Il passerait son temps à lire le Coran et les Hadiths, à regarder des vidéos débiles, à aller sur des forums d'islamos arriérés. Patrick m'a dit tout cela et il avait raison. Il m'a également dit qu'il me quittait et il a eu tort.

Après son départ, ça a été pire, bien pire. Certes, il n'y avait plus d'engueulades entre le père et le fils. Maintenant, il n'y en avait plus qu'entre Stéphane et moi et surtout entre Angélique et son frère. Stéphane avait changé, peu après le départ de son père. Il ne fréquentait plus Ahmed. Il ne faisait plus de porte-à-porte. J'ai essayé de savoir pourquoi un jour où Stéphane semblait d'humeur à discuter. Il m'a dit qu'il avait quitté les tablighi car ils n'étaient bons qu'à discuter pendant que les Américains massacraient des musulmans en Irak. C'était la première fois que Stéphane abordait ce sujet et je ne sus que répondre. J'aurais dû comprendre qu'il se passait quelque chose d'important, que Stéphane changeait, que sa douceur s'effaçait pour laisser place à une violence sourde.

Ahmed avait disparu et je ne connaissais pas les nouveaux amis de mon fils car il ne m'en présenta aucun. Je sais qu'il en avait parce qu'il m'arrivait de le voir en petit groupe dans la rue. Stéphane n'allait plus à la même mosquée. Il allait loin, beaucoup plus loin. J'ai essayé d'en comprendre la raison mais il m'a simplement répondu qu'il allait dans une vraie mosquée. Je pensais que la mosquée de notre quartier était une vraie mosquée. Selon Stéphane, au contraire, l'imam de cette mosquée disait n'importe quoi.

J'étais d'autant plus surprise que Stéphane, depuis sa conversion, avait toujours chanté ses louanges. Quand j'ai essayé de comprendre ce qui avait pu déplaire à Stéphane dans les propos de l'imam, mon fils m'a envoyé balader. Selon lui, je n'y comprenais rien. Je n'étais qu'une mécréante. C'était la première fois que mon fils me traitait de mécréante et ce n'était que le début. Je n'en sus donc pas davantage sur ce que mon fils pouvait reprocher à l'imam avant que celui-ci se présente à ma porte. Je ne l'avais jamais rencontré et j'étais évidemment très intriguée par sa visite. Il ne devait pas être si habituel pour un imam de rendre visite à une mécréante. Il était d'ailleurs visiblement gêné quand je l'ai invité à entrer chez moi. Il est tout de même entré et il a été très gentil. Il s'inquiétait beaucoup pour Stéphane. Il m'a expliqué que mon fils avait été pris en main par des salafistes. Il a essayé de m'expliquer ce qu'étaient les salafistes mais je n'ai pas trop compris la différence. Pour moi, il s'agissait dans les deux cas de musulmans qui voulaient revenir à l'islam du temps du Prophète et des premiers Califes. Stéphane, m'a indiqué l'imam, fréquentait une mosquée très radicale. Il fallait être très prudent car certains jeunes de cette mosquée avaient basculé. Ils avaient abandonné la contemplation pour l'action. Je ne comprenais pas trop ce qu'il voulait dire par « basculer », ni ces histoires de contemplation et d'action. Il semblait avoir des difficultés à m'expliquer clairement les choses et je ne savais pas poser les bonnes questions. Il n'avait pas voulu utiliser certains mots, sans doute pour ne pas me faire peur. Il voulait me faire comprendre quelque chose d'important sans utiliser les termes adéquats. Aujourd'hui, je sais parfaitement quels mots il aurait dû utiliser. Quand il est parti, j'étais angoissée. Je sentais bien un danger diffus mais les choses n'avaient pas vraiment été dites. Ou alors je n'avais pas voulu comprendre.

Je n'ai pas parlé à Stéphane de la visite de l'imam. Quand il est rentré ce soir-là, je n'en ai pas eu la force. Stéphane m'a dit qu'il arrêtait le lycée. Du coup, nous n'avons parlé que de cela. Je lui ai demandé pourquoi et il m'a dit que ça ne l'intéressait plus et que de toute façon c'était devenu invivable. Les autres n'admettaient pas qu'il soit différent. Il se sentait observé, jugé. J'aurais dû me souvenir de ce que son père m'avait dit, mais comme le divorce se passait très mal, je m'efforçais d'occulter le plus possible Patrick. Je ne l'avais revu qu'au tribunal depuis son départ, cinq mois plus tôt. Stéphane n'avait pas revu son père non plus. Seule Angélique avait gardé des contacts. J'ai su plus tard que Patrick était très inquiet de ce que lui rapportait Angélique au sujet de son frère. Pourquoi n'a-t-il rien fait à ce moment-là ? Je ne sais pas. Peut-être ne voyait-il pas ce qu'il pouvait faire. Il faut dire qu'Angélique ne parlait de son frère à Patrick que pour se plaindre. Il est vrai que Stéphane était devenu insupportable avec sa sœur. Il faisait son petit chef. Il voulait lui commander, lui dire ce qu'elle devait faire et même comment elle devait s'habiller. J'ai dû intervenir plusieurs fois parce que Stéphane la traitait de pute au prétexte qu'elle mettait des jupes et se maquillait. Je n'avais encore rien vu. Jamais je n'aurais pu imaginer ce qui allait suivre.

Un soir, Stéphane dépassa toutes les bornes. Depuis trois mois, il avait arrêté le lycée et passait ses journées et ses nuits sur Internet. C'est à peine s'il venait dîner avec nous le soir. Il était tout le temps fourré à la maison et pourtant on ne le voyait plus. Angélique et lui ne s'adressaient quasiment pas la parole. Ça me faisait mal au cœur car ils avaient été très proches l'un de l'autre. L'ambiance était habituellement irrespirable mais ce qui se passa ce soir-là me bouleverse encore aujourd'hui. Le jeune homme assis à notre table n'était plus mon fils. Selon cet étranger plein de certitudes, j'étais moi aussi une pute, ni plus ni moins. Je m'habillais en pute. Je me maquillais comme une pute. J'étais une mécréante. Stéphane n'avait plus de limites. Il ne parlait plus. Il exigeait. Il exigeait que je mette un voile et que je ne boive plus d'alcool. Il me traita de pocharde. Je me souviens de ce mot. Il était absurde mais m'avait heurtée. Je me sentais étrangement coupable. Il est vrai que, depuis le départ de Patrick, je m'étais mise à boire beaucoup plus. Je n'étais pas pour autant une pocharde mais je voyais le regard méchant de Stéphane posé sur la bouteille de vin. Cette nuit-là, je n'ai pas trouvé le sommeil. Je vivais un cauchemar éveillé. Je ne savais pas où trouver de l'aide car je n'aurais pas su expliquer. Mon fils me donnait des ordres. Mon fils voulait diriger la maison. Mon fils me traitait de pute. Mon fils était d'une dureté envers moi qui me brisait le cœur. Angélique avait senti l'importance de ce qui s'était passé. Elle a fondu en larmes. Pourtant, ce n'était pas elle, pour une fois, qui subissait les injures de Stéphane. Stéphane n'était pas devenu seulement un étranger. Il était devenu un étranger hostile, presque un ennemi.

Pendant le mois qui suivit, la tension monta crescendo. Tout devint sujet de dispute. Si Stéphane ne voulait plus étudier, il ne voulait pas travailler non plus. Il voulait, disait-il, faire l'Hijra*, partir vivre dans un vrai pays musulman. C'était selon lui une obligation pour tous les musulmans. Un bon musulman ne devait pas vivre dans un pays de mécréants où la Charia n'était pas appliquée. Chacune de ces phrases était un coup de poignard. J'essayais de comprendre son point de vue. J'étais prête à le comprendre mais il avait une telle violence dans la voix que j'étais effrayée. Il ne restait plus rien de sa douceur passée, ni dans sa voix, ni dans ses yeux, ni dans son cœur. Et puis il passait le plus clair de son temps sur Internet. Aujourd'hui je sais ce qu'il y faisait, mais à l'époque j'étais tellement inconsciente. Je passais moi aussi beaucoup de temps sur Internet. J'essayais de me documenter, de comprendre cette religion qui me prenait mon fils peu à peu. Chaque soir, Stéphane remettait sur la table son projet de départ. Moi je ne voulais pas qu'il parte. Tant qu'il était mineur, il était hors de question qu'il parte. Après, lui disais-je, tu feras ce que tu voudras mais pour l'instant tu restes là.

Le jour de son dix-huitième anniversaire s'est curieusement très bien passé. Son père est venu à la maison pour fêter la majorité de Stéphane. Il ne l'avait pas revu depuis un an. Il faisait beau. Chacun y mettait du sien. Le père et le fils ont discuté en adultes, très calmement. Il n'y a eu aucun cri. Même Angélique avait le sourire. Ce fut une journée de rêve. Je pensais que le cauchemar était peut-être terminé. Patrick m'a embrassée. Je me disais même qu'il me reviendrait. Je ne ressentais plus cette grosse boule dans l'estomac. À la fin de la journée, Patrick a voulu discuter avec moi seul à seul. Il m'a raconté ce que Stéphane lui avait dit. Il l'avait trouvé très posé, très adulte. Stéphane ne voulait plus s'installer définitivement dans un pays musulman. Il voulait seulement faire le pèlerinage à La Mecque. C'était l'un des cinq piliers de l'islam et Patrick pensait qu'il était impossible de refuser cela à Stéphane. J'étais très réticente au départ. Nous en avons discuté tous les trois ensemble et je me suis laissé convaincre. Stéphane nous a dit qu'il regrettait la façon dont il s'était comporté. Il s'excusait pour les propos qu'il avait tenus. Nous devions cependant accepter que devenir musulman était son choix. Il n'y avait pas de mal à être musulman, pas de mal à faire le pèlerinage. Il avait fait le Ramadan, disait-il, et ça n'avait dérangé personne. J'ai failli lui rétorquer que pendant un mois, j'avais dû faire un double-service, pour moi et Angélique d'abord, puis pour Monsieur à la nuit tombée, mais je ne voulais surtout pas polémiquer. La journée avait été si merveilleuse. J'avais retrouvé mon fils, je voulais éviter les sujets qui fâchent. Nous trouvâmes un accord. Stéphane irait faire le pèlerinage. En contrepartie, il promettait de reprendre ses études et de cesser de vouloir imposer à tous ses conceptions religieuses. Stéphane était d'accord. Il semblait merveilleusement heureux à l'idée de se rendre à La Mecque. Je comprenais cela. Je savais que c'était très important. J'avais vu des images impressionnantes à la télé. Par contre, je me souvenais vaguement d'histoires de mouvements de foule, de morts et de panique, si bien que je fis promettre à Stéphane d'être très prudent. Malgré son kamis et sa barbe incertaine, Stéphane était de nouveau mon petit garçon. Il me laissa le serrer dans mes bras. C'était la première fois depuis au moins un an que je le serrais contre mon cœur. Patrick et moi nous culpabilisions. Après tout, nous avions fait toute une histoire pour rien. Stéphane était musulman ! Et alors ? Il y avait un milliard et demi de musulmans dans le monde ! Comment avions-nous pu nous pourrir la vie à cause de quelque chose de si naturel ? Il y a toujours eu des conversions, des catholiques qui sont devenus musulmans, protestants, bouddhistes ou je ne sais quoi. Même des juifs sont devenus catholiques ! Et pas n'importe qui ! Patrick me cita l'exemple de Bob Dylan ! Non, nous avions vraiment fait du bruit pour rien et je m'en voulais d'avoir fait souffrir mon fils. J'avais l'impression que c'est moi qui l'avais rejeté. J'avais l'impression de l'avoir rejeté parce qu'il n'était pas devenu ce que j'attendais. C'était encore pire pour Patrick qui avait ignoré son fils pendant des mois. Pourquoi ? Pour une simple histoire de religion. Pour se faire pardonner, Patrick donna à Stéphane tout l'argent nécessaire, et même plus, pour son pèlerinage. Maintenant que c'était décidé, que des bases saines étaient posées, la famille se portait vraiment mieux. Même Angélique promit à son frère de s'habiller de façon un peu moins sexy. Pour ma part, je pris la décision d'arrêter l'alcool. Quand Stéphane nous quitta pour partir à La Mecque, il n'y avait plus eu de disputes à la maison depuis plus d'un mois.

Mais Stéphane ne donna pas de nouvelles. Trois interminables semaines après son départ, à 7 heures du matin, la police débarqua chez nous pour faire une perquisition. Les policiers fouillèrent la maison de fond en comble. Ils saisirent l'ordinateur de Stéphane mais aussi celui d'Angélique. Durant la perquisition, je tâchai de comprendre ce qui se passait, mais je n'eus droit qu'à des phrases énigmatiques : « Vous savez bien pourquoi nous sommes là... Dites pas que vous n'avez rien remarqué. » Moi, je ne savais pas ce que j'aurais dû remarquer. Je ne savais pas ce que j'aurais dû faire, ce que j'aurais pu faire.

En pleine perquisition, appelé par Angélique, Patrick débarqua. Le ton monta pendant qu'il s'expliquait avec un capitaine de police qui semblait diriger les opérations. Après tout, il était le père de Stéphane et il avait bien le droit de savoir ce qui se passait. Finalement, après un coup de fil, le capitaine nous prit à part et nous annonça que Stéphane était parti en Irak. Nous répondîmes avec conviction que c'était impossible car il faisait le pèlerinage à La Mecque. Le policier nous répliqua qu'il n'était jamais parti à La Mecque. Stéphane avait échangé son billet d'avion pour La Mecque que lui avait acheté Patrick pour un billet beaucoup moins cher à destination de Damas. Même à cet instant, j'étais larguée. D'accord, Stéphane n'était pas parti à La Mecque, mais comment les policiers pouvaient affirmer qu'ils étaient partis en Irak sous prétexte qu'il s'était envolé pour Damas ? Le policier nous répondit que c'était le chemin habituel, que depuis la Syrie on pouvait passer facilement en Irak si l'on avait les contacts nécessaires. Il ajouta que Stéphane avait les contacts nécessaires depuis longtemps. Patrick commençait à comprendre. Il dit au policier une phrase qui me surprit sur l'instant :

— Depuis combien de temps surveilliez-vous Stéphane ?

— Depuis environ un an. On a commencé à s'intéresser à lui quand il quitté le tabligh et qu'il a intégré un groupe jihadiste. Vous savez, quand un jeune tombe entre de mauvaises mains, ça peut aller très vite.

La discussion fut interrompue parce qu'un informaticien voulait montrer au capitaine de police quelque chose sur l'ordinateur de Stéphane. Ce devait être intéressant car il ne revint nous voir qu'au bout d'une bonne demi-heure.

— C'était quoi ? demanda Patrick.

— Vous voulez vraiment le savoir ? répondit le capitaine.

— Si ça ne vous dérange pas, je voudrais bien.

— Rien de très intéressant pour nous… juste une collection impressionnante de vidéos d'égorgements. J'en avais rarement vu autant.

Le lendemain, à la télé, dans les journaux, à la radio, les journalistes parlaient d'une vaste opération antiterroriste avec des perquisitions un peu partout et une vingtaine d'arrestations. Notre petite ville de banlieue était citée. Dans plusieurs articles, on parlait d'un converti du nom d'Abou Bakr qui était parti en Irak avec deux autres jeunes. On parlait de réseau, de Jihad, de filières irakiennes, d'Abou Moussab Al Zarqaoui, d'Al Qaida, de choses que j'avais lues et entendues tant de fois mais auxquelles je n'avais jamais prêté une grande attention. Tout cela me paraissait si irréel. Pour Patrick, c'était bien réel au contraire et nous avions assisté à tout : à la métamorphose de Stéphane jusqu'à ses bobards en forme de repentance. Pendant des semaines, je l'avais laissé se noyer sur Internet, s'endurcir devant des scènes horribles de guerre et de meurtres. Je n'avais rien fait et je m'en voulais tellement. Je suis certaine que l'explication vient en grande partie de là. Les nouveaux amis de Stéphane étaient sans doute pour beaucoup dans sa métamorphose mais je ne pense pas que leur influence ait été suffisante. Et Patrick s'en voulait tout autant ! Dire qu'il avait financé le voyage ! Il était furieux. Heureusement qu'il n'était pas là quand, le surlendemain de la descente de police, des caméras de télé se pressèrent à l'entrée de notre petit jardin. Je ne sais pas comment ils étaient parvenus à obtenir notre adresse, mais ils étaient là, plantés devant chez nous en attendant probablement que nous pointions le nez dehors. Ils ne restèrent pas longtemps. Avant de partir, ils prirent quelques images de la maison où avait grandi le converti.

Et puis la vie reprit son cours. Les journalistes étaient passés à autre chose. La police nous avait simplement demandé de les prévenir si nous avions des nouvelles de Stéphane. Mais nous n'avions aucune nouvelle… rien. Rien pendant un mois, pendant deux mois, trois mois, quatre mois, cinq mois, rien pendant une éternité. Et pendant cette éternité j'imaginais le pire. Je tressaillais au moindre coup de téléphone. Je ne respirais plus dès que quelqu'un sonnait à ma porte. Parfois j'imaginais que tout s'arrangerait, que Stéphane reviendrait, qu'il s'expliquerait avec la police et que tout recommencerait à zéro, que nous pourrions tout rembobiner, que notre famille aurait une seconde chance.

Ce n'est pas ce qu'il advint. Au bout de six mois, je reçus un appel qui semblait lointain. En tout cas, la ligne était mauvaise. L'homme parlait anglais avec un accent du Moyen-Orient et je ne compris qu'un mot sur deux. Je compris toutefois l'essentiel parce que l'homme répéta la phrase plusieurs fois en articulant «*Abou Bakr is dead. Congratulations. He is a Shahid*». L'homme ne répondit à aucune de mes questions. Il était pressé de raccrocher. J'appelai immédiatement Patrick pour lui faire part de cet appel. Il vint à la maison et essaya de dédramatiser. Ce qu'avait dit cet homme ne prouvait rien. Il pouvait s'agir d'une erreur, D'ailleurs, comment cet homme avait-il eu notre numéro de téléphone ? Alors que je suggérais d'appeler la police, le téléphone sonna : c'était la police. Le capitaine était déjà au courant et voulait nous rencontrer au plus vite. Il était trop tard et nous prîmes rendez-vous pour le lendemain matin.

Contrairement à Patrick, le capitaine n'était pas du tout optimiste. Son service avait analysé l'intégralité du message et ça semblait sérieux. Nous apprîmes à l'occasion que nos lignes téléphoniques étaient sur écoutes, au cas où nous « oublierions » de les prévenir des bonnes ou mauvaises nouvelles. L'appel provenait de Syrie et il était habituel que les recrues laissent, lors de leur prise en charge par le groupe, les coordonnées téléphoniques d'un membre de leur famille à prévenir en cas de malheur. L'appel que nous avions reçu correspondait tout à fait à cela. Comment cet homme aurait-il eu nos coordonnées téléphoniques si Stéphane ne les avait pas transmises à son groupe ? Et puis le message était bien dans le style des textes de « condoléances » à la mode Al Qaida. Au lieu de présenter ses regrets, le messager adressait ses félicitations car la famille était censée être fière de compter un martyr parmi ses membres. Pour le capitaine, il n'y avait malheureusement pas l'ombre d'un doute : Stéphane était mort. Mis à part la certitude du capitaine, nous n'eûmes rien d'autre, ni corps, ni certificat de décès, ni certitude absolue, ni aucune nouvelle d'aucune sorte. Patrick se rattacha pendant un temps à l'idée que Stéphane n'était pas mort. Il s'agissait d'une ruse d'Al Qaida. L'organisation terroriste annonçait la mort d'un de ses membres afin qu'il ne soit plus recherché. Ainsi elle pouvait lui confier une mission terroriste quelque part dans le monde. Puis il fit son deuil. Finalement, il préférait que son fils soit mort plutôt qu'il tue des innocents. Pour ma part, je sais bien que Stéphane est certainement mort mais j'espère encore. Ma raison et mon cœur ne se sont pas mis d'accord.

Pourquoi les appelle-t-on des terroristes ?

Notre code pénal est bien conçu, mais combattre des idées extrémistes avec des lois présente une efficacité limitée. Dans plusieurs pays musulmans, et en particulier en Arabie saoudite, le terrorisme islamiste est considéré comme une déviance religieuse. Les salafistes jihadistes y sont considérés comme des musulmans sortis du droit chemin de l'islam. Il est donc possible de les rééduquer et de les remettre sur la voie de l'islam véritable. À défaut, il restera toujours la ressource de les décapiter, car le système n'est pas parfait. Il a même connu des échecs cinglants. Le plus célèbre est celui d'Abou Sufyan Al Shahri. Arrêté au Pakistan en décembre 2001, il a passé six ans à Guantanamo avant d'être confié aux Saoudiens pour une « cure de réhabilitation ». Libéré en novembre 2007, il est parti au Yémen rejoindre l'Aqpa dont il est aujourd'hui le numéro 2. La conception saoudienne du salafisme jihadiste, considéré comme un comportement asocial et une déviance par rapport à la ligne officielle de l'islam, n'est pas sans rappeler la façon dont, à l'époque stalinienne, l'on soignait les écarts idéologiques à la ligne du Parti. Comme cette dernière était nécessairement la bonne, tous ceux qui ne la suivaient pas ne pouvaient être que des malades. Il suffisait donc de les soigner pour qu'ils puissent réintégrer le troupeau. Quinze années passées dans un goulag avaient des vertus rafraîchissantes, sauf pour quelques indécrottables comme Soljenitsine. Une démocratie laïque comme la France ne peut en revanche utiliser de traitements curatifs à base idéologique. Pas de séances de rééducation, donc. C'est dommage, car la différence entre un salafiste saoudien bien éduqué et un salafiste déviant est considérable. Tous les deux ont la même conception rigoriste de l'islam, la même pratique religieuse et veulent l'application de la Charia sur la terre entière, mais tandis que l'un nous vend du pétrole et nous achète des armes, l'autre pose des bombes.

À défaut d'outil plus performant pour lutter contre le salafisme jihadiste, la France dispose de son code pénal avec ses incriminations et ses peines. Parfois, cependant, des phénomènes apparaissent qui nous obligent à quelque peu martyriser nos conceptions et nos textes, à jouer sur leur élasticité. Grâce à notre hypocrisie et parfois à une bonne dose de mauvaise foi, nous nous adaptons pour pouvoir réprimer, quand cela est utile, des comportements objectivement dangereux pour notre ordre public en utilisant des infractions conçues pour réprimer d'autres sortes de comportements. C'est ainsi que la définition française du terrorisme, « l'entreprise individuelle ou collective ayant pour but de troubler gravement l'ordre public par l'intimidation ou la terreur », entendait réprimer des actes terroristes classiques. Il s'agissait de sanctionner les poseurs de bombes, les preneurs d'otages ou les pirates de l'air. Cette définition n'était pas conçue pour coller à un phénomène inattendu par son ampleur et sa permanence, le Jihadisme moderne. Personne n'aurait pu imaginer qu'un jour, dans l'esprit populaire occidental, les termes de Jihadisme et de terrorisme islamiste puissent se confondre. Quand la France s'est dotée d'une définition juridique du terrorisme en 1986, bien avant la plupart des pays occidentaux, le phénomène du Jihad international existait déjà mais personne ne considérait les jihadistes comme des terroristes. Au contraire, les moudjahidin luttaient en Afghanistan pour la liberté. C'est en tout cas ce que croyait l'Occident, et les États-Unis en particulier.

Ce fut Jimmy Carter et son conseiller spécial en sécurité nationale, Zbigniew Brzezinski, qui lancèrent la mode moudjahed. Dès l'invasion soviétique en Afghanistan, en 1979, Brzezinski partit au Pakistan voisin pour rendre un brillant hommage aux moudjahidin et à l'islam. Avec le recul, son discours à l'adresse des moudjahidin basés au Pakistan laisse un peu pantois : « Nous savons que vous vous en remettez à Dieu et nous avons confiance en votre réussite. Cette terre est la vôtre. Vous la retrouverez un jour grâce à votre lutte et votre foi. Vous retrouverez vos foyers et vos mosquées parce que votre cause est juste et que Dieu est à votre côté. » Trois années plus tard, le président Ronald Reagan faisait avec autant de lyrisme l'apologie de ces nouveaux « combattants de la liberté ». Tous les peuples, selon lui, « étaient concernés par la résistance afghane car les combattants de la liberté en Afghanistan défendaient les principes d'indépendance et de liberté qui étaient la condition essentielle de la sécurité internationale ». Ce n'était pas une lubie passagère. L'Amérique avait réellement décidé de considérer les partisans de la Charia comme des piliers de la liberté et de l'indépendance. En 1983, Ronald Reagan remit cela. Les moudjahidin étaient « un exemple pour le monde de l'invincibilité des idéaux chéris par l'Amérique, les idéaux de liberté et d'indépendance ». En 1985, le président des États-Unis reçut même une délégation de chefs afghans à la Maison Blanche. Les moudjahidin ne luttaient-ils pas, aux côtés des États-Unis d'Amérique, contre l'Union soviétique, le mal absolu ? L'union contre nature entre l'Amérique et les moudjahidin afghans était fondée dès l'origine sur une incompréhension mutuelle. Les États-Unis voulaient mettre en échec l'Armée rouge tandis que les moudjahidin voulaient chasser les Soviétiques pour instaurer un État islamiste.

Que l'histoire du Jihad moderne ait débuté en Afghanistan était effectivement inattendue. Les théoriciens du salafisme jihadiste étaient nés sous d'autres cieux, avaient prêché au cœur des dictatures musulmanes du monde moderne et l'avaient bien souvent payé de leur vie. Ce mouvement, débuté dans les années 1960 en Égypte, avait en théorie plus de chance de se propager dans le golfe que d'atteindre un Orient aussi éloigné. La propagande jihadiste avait initialement pour but de renverser les régimes musulmans apostats du Moyen-Orient et non pas de s'internationaliser au point de s'inviter dans la guerre froide. Sur le papier, les Américains étaient tout aussi mécréants que les Soviétiques et il n'y avait pas de raison de faire des préférences. Il y avait en revanche de bonnes raisons de faire des alliances de circonstances. Si le couple Amérique/moudjahidin avait peu de chances de vivre une vie amoureuse et paisible, l'alliance entre l'Arabie saoudite et le mouvement jihadiste international ne pouvait pas davantage prospérer. Les objectifs poursuivis par les uns et les autres étaient là aussi bien différents. L'Arabie saoudite, en perte de vitesse dans le monde musulman, voulait éviter de perdre son leadership par rapport à l'Iran chiite. La révolution de 1979 avait en effet montré au monde musulman que l'on pouvait changer les choses, voire battre les Américains. Pour faire contrepoids, l'Arabie saoudite utilisa à plein ses pétrodollars. Elle finança les moudjahidin afghans et intensifia son prosélytisme wahabite en créant de nombreuses madrassas pour y éduquer la jeunesse afghane réfugiée au Pakistan au véritable islam. Ces jeunes Afghans devinrent les étudiants (taliban) et leur rigorisme religieux n'eut rien à envier aux Wahabites saoudiens. C'était un radicalisme sans complaisance pour l'Amérique et l'Occident, sans allié stratégique, sans intérêt économique convergent. Jamais, pendant toute l'époque de lutte contre les Soviétiques, le mot de terrorisme ne fut utilisé par le monde occidental pour définir les moudjahidin afghans se « battant pour la liberté ». Les Américains, en particulier, évitèrent de définir cette « liberté » à la mode talibane. Qu'il s'agisse de libérer un territoire de la présence soviétique suffisait à légitimer l'aide de l'Amérique. Pourtant, personne n'était dupe. La libération du territoire afghan n'était pas le but, c'était le moyen pour y arriver et créer un Califat appliquant la Charia. Tous les Jihad qui suivirent partagèrent cet objectif. Si les Américains donnèrent un brevet d'honorabilité aux moudjahidin, le gouvernement de Kaboul, soutenu par l'Armée rouge, n'avait au contraire que le mot « terrorisme » à la bouche. Les moudjahidin étaient des terroristes. Quand une bombe explosait, c'était du terrorisme. Les Soviétiques étaient des amis du peuple afghan. D'ailleurs, ce dernier ne les avait-il pas appelés à leur secours ?

Si le Jihad en Afghanistan ne fut rendu possible qu'avec l'infrastructure mise en place par les États-Unis et l'Arabie saoudite, il fut aussi une caisse de résonance sans pareil pour les théories jihadistes internationales. Ce fut un phénomène de mondialisation avant même que le mot « mondialisation » ne fût inventé. Il n'aurait pas pu exister plus tôt. Il ne fut rendu possible que par le double facteur de la multiplication dans les années 1980 des liaisons aériennes et de l'explosion des médias. La couverture médiatique du conflit afghan à l'échelle de la planète créa les vocations, et la possibilité de se rendre sur zone aisément les facilita. Les médias, occidentaux et orientaux, firent la même présentation du phénomène jihadiste. L'échec de l'armée soviétique, c'était David contre Goliath. Les Afghans et les volontaires étrangers étaient de redoutables guerriers, des héros. Leur victoire était un exemple pour l'humanité. Les Occidentaux appelaient cela la victoire de la liberté, tandis que les musulmans utilisaient le terme de victoire de l'islam. En 1989, lors du retrait de l'Armée rouge d'Afghanistan, l'image était fixée, le tableau était peint et, en quelque sorte, les carottes étaient cuites. Le Jihad, c'était la grandeur de l'islam et le courage des moudjahidin. Certes, l'image d'Épinal se craquellera plus ou moins. Elle laissera la place à des images moins glorieuses pour les âmes occidentales, mais pour les musulmans, même modérés, il en restera toujours quelque chose, comme une promesse de grandeur, une vision d'un monde où l'Occident ne serait plus le maître absolu.

Que le Jihad ait été alors synonyme de liberté pour les Occidentaux fait aujourd'hui rire jaune. L'effet de contagion était pourtant inévitable. Le Jihad avait été international à l'aller. Il ne pouvait que l'être au retour. Car il y eut un retour pour les moudjahidin saoudiens, jordaniens, yéménites, algériens, marocains, tunisiens, libyens, mauritaniens, indonésiens. À des degrés divers, tous les peuples musulmans du monde avaient été représentés dans le Jihad afghan. Si une épidémie de grippe A avait surgi en zone pakistano-afghane à cette époque, le monde aurait été contaminé en deux semaines. Ce fut une contagion idéologique que les « Afghans », ainsi qu'on les appela à leur retour, ramenèrent chez eux. L'impact fut grand dans les pays déjà sensibilisés à la lutte contre les régimes considérés comme apostats. Près de nous, l'Algérie et le Maroc furent les plus touchés par ce phénomène.

Et l'on commença à parler de terrorisme islamiste. Et puis pourquoi cela continuait-il en zone pakistano-afghane ? Après tout, les Soviétiques étaient partis et l'objectif était atteint. De toute façon, l'URSS était morte. Mais pour les moudjahidin, rien n'était fini. Nous avions sifflé la fin de la partie mais les moudjahidin jouaient encore. Avec la prise de Kaboul par les taliban en 1996, l'espoir d'y ouvrir un Mc Donald's diminua fortement.

Dès les premiers attentats commis au Maroc en 1994 par d'anciens Afghans, et plus encore en Algérie à partir de 1993, l'image du moudjahed défenseur de la liberté commença à se ternir. Pour autant, en France, la justice antiterroriste ne considérait pas encore que le seul fait de partir s'entraîner militairement dans des camps afghans constituait un acte de terrorisme. Avant 1996, on ne parlait pas encore des camps d'Al Qaida. C'est la HIA (Hezb Islami Afghanistan) de Gulbuddin Hekmatyar qui accueillait à bras ouverts les moudjahidin des années 1990. À Peshawar, lieu d'accueil des nouvelles recrues, le nommé Abou Qassim, en liaison avec Hekmatyar et Abou Zoubeida, correspondant local d'Oussama Ben Laden alors réfugié au Soudan, faisait le gros du travail de dispatching des recrues entre les maisons d'accueil puis les camps d'entraînement.

Au milieu des années 1990, nous avions déjà pris conscience du danger que représentaient à terme les électrons libres du Jihad mais un événement majeur sur la scène internationale retarda la réaction occidentale face à cette nouvelle menace. Ce fut la guerre en Bosnie. L'Occident, et l'Amérique en particulier, pouvait à la rigueur plaider non coupable pour le Jihad en Afghanistan car les conséquences de leur sponsoring n'étaient peut-être pas toutes prévisibles. En revanche, renouveler la même « erreur » en Bosnie tenait plus de l'hypocrisie politique que de la candeur. L'Occident et ses alliés en Orient ne firent rien pour empêcher le départ de centaines de moudjahidin en Bosnie. Comme en Afghanistan contre les Soviétiques, les jihadistes devinrent de nouveau nos amis. La communauté internationale était en guerre contre la Serbie et les valeureux moudjahidin étaient les bienvenus. Certes, la méfiance était maintenant de rigueur et les retrouvailles se firent sans effusion. La tentation de considérer les moudjahidin comme des terroristes fut remise à plus tard. Pour l'heure, ils étaient les ennemis de nos ennemis, et donc nos amis temporaires. Une nouvelle union de circonstances fut scellée. Là encore, celle-ci promettait d'être brève et pas des plus heureuses. De cette seconde union, comme de la première, devaient naître de nombreux enfants du Jihad… et du terrorisme. Temporairement, Bosnie oblige, les gros mots étaient interdits. Il était hors de question de parler de terrorisme. À partir de 1992, ce furent donc des combattants de la liberté qui partirent en Bosnie. Certains étaient déjà très connus des services antiterroristes. À partir de 1993, parmi les multiples recrues, on vit toute la jet-set du terrorisme international en séminaire à Zenica. C'était dans l'ordre des choses. On verrait plus tard comment gérer le problème. Dans l'immédiat, il s'agissait de battre les Serbes avec un minimum de pertes occidentales.

Avec finesse, le président bosniaque tenta de contrôler le mieux possible le phénomène. En septembre 1993, il décida d'intégrer purement et simplement le bataillon des moudjahidin de Zenica dans l'armée officielle bosniaque. Un peu de discipline ne leur ferait pas de mal, pensa-t-il. Pour ce faire, il s'appuya sur un émir charismatique du nom d'Abou El Maali. Les moudjahidin étaient satisfaits car ils bénéficiaient des armes, des vêtements et de la nourriture nécessaires. Ils bénéficiaient également d'une reconnaissance officielle. Ils étaient des soldats de Dieu dans l'armée bosniaque. Abou El Maali était satisfait car il devenait le chef incontesté des moudjahidin en procurant, grâce à la bienveillance du président bosniaque, tout le nécessaire à ses troupes. Lequel président pensait maîtriser la situation. De fait, tant qu'il y avait des Serbes à combattre, Abou El Maali contrôla effectivement ses troupes avec efficacité. Il fut même surnommé « le gendarme ». Que Zenica se transformât en salon international du terrorisme était une évidence. Cette conscience du danger à venir permit néanmoins au président bosniaque de se préparer à l'après-conflit. Dès la signature des accords de paix de Dayton, Izetbegovic prit soin, le 12 décembre 1995, de rendre un hommage public appuyé au bataillon des moudjahidin. Mais la pilule fut pour eux bien amère. Les moudjahidin devaient maintenant rassembler leurs petites affaires et rentrer à la maison. Le peuple bosniaque était certes musulman mais ne voulait pas d'eux. Un régime du genre taliban, non merci ! Les Bosniaques aspiraient au contraire à rester européens et même à le devenir de plus en plus. C'est dire si la vie à deux n'était plus envisageable. Tant pis si l'union s'était conclue sur une incompréhension de plus. Battre les Serbes, pas plus que battre les Soviétiques, n'avait été une fin en soi pour les moudjahidin. Ils ne voulaient pas de la « Pax Americana ». C'était un marché de dupes et Abou El Maali, prenant ses distances avec Izetbegovic, résuma assez bien la situation dans l'organe de presse du bataillon des moudjahdin, la revue *L'Appel du Jihad* du 11 novembre 1995 : « Même nous, les moudjahidin, venus pour aider le peuple bosniaque contre leurs agresseurs, on nous considère comme des terroristes. »

Abou El Maali avait touché du doigt le fond du problème et plusieurs anciens du bataillon des moudjahidin firent rapidement en sorte de mériter leur mauvaise réputation. La France s'en souvient encore avec ce qui fut appelé le « Gang de Roubaix »*. À la fin de l'année 1995, les moudjahidin, puisqu'ils ne servaient plus à rien, purent officiellement être qualifiés de terroristes. En France, l'hypocrisie n'alla pas jusqu'à condamner les anciens moudjahidin pour leur seule participation au conflit bosniaque. Cela aurait été judiciairement invendable. En marge de l'affaire du gang de Roubaix, le dossier instruit à la galerie Saint-Éloi à la suite du conflit bosniaque et du retour de nos concitoyens jihadistes au bercail fit une différence entre ceux qui avaient repris une vie normale et ceux qui avaient intégré des structures ou des projets terroristes. Les premiers bénéficièrent d'un non-lieu, tandis que les seconds furent condamnés. La distinction fut parfois d'une finesse byzantine, mais elle existait encore. Selon la doctrine établie dans le premier dossier des filières afghanes, le fait de participer au Jihad à l'étranger n'était pas en soi un acte de terrorisme, à condition d'arrêter toute activité en lien avec un groupe terroriste à son retour en France. Il fallait, pour ne pas être poursuivi, n'apporter aucune aide à ses anciens amis. Or ceux-ci avaient cruellement besoin, au premier chef, de papiers d'identité pour pouvoir circuler et plusieurs personnes furent condamnées pour avoir apporté cette aide logistique. En offrant un soutien ponctuel, les anciens de Bosnie n'avaient pas tous l'intention d'intégrer un groupe terroriste. Il s'agissait bien souvent d'un geste de solidarité sans arrière-pensée. Le même phénomène avait existé dans les années 1990 à l'occasion du retour des « Afghans ». Des liens forts de solidarité s'étaient noués, des liens d'anciens combattants, et il était très difficile de refuser son aide par la suite à des compagnons de régiment, certes un peu terroristes sur les bords, mais qui se trouvaient dans les pires difficultés.

Notre position de l'époque était plus logique que bienveillante. La principale raison pour laquelle nous n'avions pas franchi le cap de la qualification terroriste était très pragmatique. Comment qualifier de terroriste un individu qui n'a fait que combattre les « méchants », c'est-à-dire les Soviétiques puis les Serbes ? Comment poursuivre et condamner pour terrorisme des individus que nous avions plus ou moins incités à partir combattre nos ennemis à notre place ? Allions-nous les mettre en prison parce qu'ils avaient eu le mauvais goût de revenir vivants ? D'autres pays n'avaient cependant pas notre délicatesse. Ce fut d'ailleurs pour cette raison que d'anciens moudjahidin afghans ou bosniaques se trouvaient dans l'incapacité de rentrer chez eux et avaient besoin de papiers d'identité pour rejoindre des terres d'accueil. Dans l'incapacité de revenir par exemple en Jordanie, en Égypte ou en Libye, les moudjahidin de Zenica furent « exfiltrés » grâce à des réseaux de faux papiers, principalement établis en Turquie et en Italie. L'attente fut parfois bien longue et représentait une menace importante pour les pays concernés. En effet, nos moudjahidin s'ennuyaient ferme et nourrissaient un certain ressentiment. Alors certains se mirent à poser des bombes, à braquer des banques, à préparer des assassinats et autres attentats terroristes en Croatie, en Bosnie, en Italie, en Allemagne ou en Turquie. Avec beaucoup de bonne volonté, ils s'employèrent à nous donner raison. Finalement, ils étaient effectivement des terroristes. Certains trouvèrent une terre d'accueil idéale, c'est-à-dire un pays dont on vous expulse difficilement, comme le Canada ou les pays nordiques.

Pendant cette première période du Jihad international, du début des années 1980 à la fin du conflit bosniaque, les moudjahidin étrangers ne furent donc pas considérés, à quelques exceptions près, comme des terroristes. Ils étaient alors nos alliés – et nous ne pouvions pas être alliés à des terroristes, tout de même ! Fort heureusement, les jihadistes allaient s'en prendre maintenant à nos anciens ou nouveaux amis. Ça changeait tout… Le tampon « terroriste » pourrait être délivré, la galerie Saint-Éloi serait remplie du soir au matin.

Les premiers moudjahidin inquiétés furent ceux venus au secours des Tchétchènes. Ils n'avaient rien compris. Maintenant, les Russes étaient nos amis. Eh oui ! Et les moudjahidin étaient des terroristes. CQFD. Peu importait ce que les Russes avaient pu faire aux Tchétchènes. L'important était de boire un coup de vodka avec Poutine. Les dossiers des filières tchétchènes s'accumulèrent à la galerie Saint-Éloi. Puis, plus récemment, nous eûmes droit aux Tchétchènes tout courts, ceux réfugiés en France. Tchétchènes, ou moudjahidin venus appuyer les Tchétchènes, ils avaient choisi le mauvais cheval. Ils n'étaient pas dans le bon timing. Ne pas être dans le bon timing, au XXIe siècle, c'était être terroriste.

Il y eut également la guerre en Irak. Ah, la guerre en Irak ! Dans l'histoire du terrorisme, elle vaut celle de 14-18. Nos jeunes musulmans s'envolèrent pour Damas la fleur au fusil dans l'espoir de rejoindre l'Irak, cette terre de Jihad si prometteuse. Toutes les conditions étaient réunies. L'ONU avait refusé de cautionner une intervention armée. La guerre était internationalement illégitime. La terre était l'une des plus musulmanes qui soient et l'agresseur, un chrétien comme on n'en fait plus. Mais en France, les candidats pour le Jihad n'avaient pas assimilé le principe de base : l'Amérique était notre alliée, même si nous avions refusé de nous engager dans l'aventure guerrière à leur côté. Du coup, les jihadistes devinrent des terroristes. Certains l'étaient pour de bon, des vieux de la vieille habitués au Jihad sur tous les fronts, des chevaux de retour. La plupart n'étaient que des bougres qui n'avaient rien compris. Ils estimaient que leur cause était juste et on leur répondait qu'ils étaient des terroristes. C'était l'axiome de l'époque.

Ce qui posait problème car quelques avocats voulurent que la Justice argumentât cette position de principe. En quoi le fait de partir faire le Jihad en Irak était un acte de terrorisme ? Après tout, l'Amérique n'avait pas obtenu l'aval de la communauté internationale. Comme nous étions malheureusement des juristes et pas des mathématiciens, nos axiomes devaient être démontrés, au moins en partie. Un avocat très exigeant voulut un jour que nous expliquâmes la différence entre Ernest Hemingway et son client. Pour ma part, je n'en eus pas immédiatement la force. Je pus seulement lui indiquer que son client était un jeune fanatique de vingt ans alors qu'Hemingway était un grand écrivain. C'était déjà une différence sensible. Hemingway avait fait partie des Brigades internationales contre Franco, alors que son client était parti, après quelque clics sur Internet, pour se faire exploser en Irak. Je voulais bien admettre quelques points communs mais à pousser trop loin les comparaisons, Lord Byron lui-même deviendrait un terroriste pour avoir combattu les Turcs aux côtés des Grecs en 1823 et 1824. Cette pensée m'accabla quelque peu. Un poète n'était pas un terroriste, pas plus qu'un écrivain comme Hemingway. J'étais au moins certain de cela. Toutes mes arguties étaient cependant bien éloignées d'une véritable démonstration juridique, du fameux syllogisme qui fit la renommée du droit romain. Ce syllogisme, je le connaissais par cœur : « Ahmed est membre d'un groupe. Ce groupe est un groupe terroriste. Donc Ahmed est un terroriste. » Miracle du syllogisme ! Mais ce raisonnement fonctionnait-il encore pour le conflit irakien ? L'avocat rétorquait au contraire : « L'Amérique a envahi illégalement l'Irak et il s'agit donc d'un acte de guerre. Mon client voulait combattre les Américains au côté du peuple irakien agressé. Il s'agit donc d'une guerre et mon client est un guerrier, pas un terroriste. On ne peut pas considérer qu'une guerre, sous prétexte qu'elle est sainte, devient une action terroriste. » Et l'avocat ajoutait : « De plus, c'est une guerre qui ne concerne pas la France. » De prime abord, le syllogisme, même confronté aux arguments solides de l'avocat, semblait fonctionner. Son client, même s'il voulait combattre les Américains, avait rejoint le groupe Al Zarqaoui, groupe labellisé Al Qaida, et donc groupe terroriste. Ce dernier combattait les militaires américains mais commettait également des actions terroristes par nature, qu'il s'agisse de l'égorgement d'un otage diffusé sur Internet ou d'un attentat contre la population chiite. Ces actes, même à considérer qu'ils s'inscrivaient dans une guerre au sens du droit international, auraient de toute façon constitué autant de crimes de guerre. Que l'on se place sur le terrain du conflit ou de la paix, il s'agissait bien de crimes : crimes terroristes dans un cas, crimes de guerre dans l'autre. Que le jeune jihadiste n'ait directement participé à aucun acte terroriste en Irak et qu'il n'ait eu pour intention que de combattre les troupes américaines ne changeait rien à la valeur du syllogisme. Il avait bel et bien rejoint un groupe terroriste. Peu importait les actions qu'ils avaient personnellement commises au sein de ce groupe, ou celles qu'il s'apprêtait à commettre. Peu importait juridiquement sa détermination, à supposer que le choix lui en fût laissé, de ne commettre aucune action contre la population civile. Il avait fait partie d'un groupe terroriste. Par sa seule présence, il avait renforcé ce groupe. Qu'il ait participé à des actions armées ou qu'il ait été chargé de faire la cuisine pour le groupe était indifférent. Il avait apporté son action, son concours. Il était devenu membre du groupe.

Le syllogisme battait de l'aile en revanche pour tous ceux qui avaient été arrêtés en France ou en Syrie avant d'être parvenus à rejoindre l'Irak. Il n'y avait pas de difficultés pour ceux qui avaient pris des contacts avec un groupe de la mouvance Al Qaida avant de partir et qui devaient être pris en charge par celui-ci. L'entente avec le groupe terroriste avait en effet précédé le départ et le délit d'association de malfaiteurs terroristes était donc déjà constitué. Mais que pouvions-nous faire de ceux qui étaient partis sans réseau, sans soutien, de ceux dont on ne pouvait savoir par quel groupe ils seraient embrigadés si jamais ils parvenaient à rejoindre l'Irak ? Nous en eûmes quelques-uns de cet acabit qui affirmèrent, une fois arrêtés, qu'ils n'étaient partis que dans le but de combattre les Américains et que jamais ils n'auraient accepté d'intégrer un groupe terroriste ou de participer à une action de ce genre. Et l'on pouvait les croire. Ils étaient sincères. Ils n'avaient jamais fait partie d'un groupe terroriste et devaient leur motivation jihadiste à la propagande savamment distillée sur les sites islamistes. Or cette propagande présentait évidemment les moudjahidin en Irak comme de valeureux guerriers armés de kalashnikov qui combattaient les soldats américains avec succès. C'était de cette image d'Épinal que nos pieds-nickelés du Jihad s'étaient nourris et ils n'avaient pas la moindre idée, en s'envolant pour la Syrie, du groupe qui voudrait bien d'eux.

Pour nous simplifier la vie, nous décidâmes que tout individu qui s'apprêtait à rejoindre l'Irak était un terroriste même si, au moment de son arrestation, il n'était encore entré en relation avec aucun groupe. Il nous en reste quelque chose. Aujourd'hui, même sans guerre en Irak, tout Français ou résident français qui veut partir faire le Jihad est un terroriste. C'est toute l'ambiguïté. Bien souvent, les personnes qui veulent partir faire le Jihad ne sont pas encore des terroristes, mais risquent fort de le devenir si on les laisse faire. Ils sont en quelque sorte des terroristes en puissance. Après tout, s'ils veulent s'entraîner à tirer à la kalash ou à fabriquer des explosifs, ce n'est pas pour rien. Ils espèrent bien se servir plus tard de leur nouveau talent. Bush avait inventé avec ses « faucons » la notion de frappes militaires préventives. Nous avons inventé la notion de frappes judiciaires préventives. Il n'est pas évident de s'y retrouver, surtout quand on est juge.

Fort heureusement, dans le cas de l'Irak, les statistiques vinrent à notre secours. Chiffres à l'appui, il était avéré que 85 % des victimes d'actions violentes en Irak n'étaient pas des soldats américains mais des civils. Il s'agissait en grande partie de chiites. Cela signifiait que la plupart des jeunes Européens venus grossir les rangs des groupes opérant en Irak allaient finir en chair à canon sur un marché chiite. Bref, nos clients pour le départ étaient des terroristes puisque, chiffres à l'appui, ils avaient toutes les chances de le devenir.

Le piège à ours

Il faisait une chaleur de coyote à Washington DC. Même les écureuils n'en pouvaient plus. Pour un mois de mars, c'était assez exceptionnel. Ronald Reagan s'était levé de mauvais poil. Certains jours, ce n'était vraiment pas drôle d'être président des États-Unis. Et dire qu'il avait rempilé pour quatre ans de plus ! S'il était particulièrement de mauvaise humeur ce matin-là, c'est parce qu'il recevait à la Maison Blanche une poignée de moudjahidin tout droit débarqués des zones tribales. C'était une situation très inhabituelle et il n'aimait pas les situations inhabituelles. En plus, il avait de plus en plus de mal à comprendre qui faisait quoi. Il y avait tellement de factions, de partis, de tribus, de clans, que c'était vraiment difficile de s'y retrouver. Entre les Ouzbeks, les Hazaras, les Tadjiks, les Pachtounes et tous les jihadistes venus du monde entier, le président se demandait comment on pouvait sérieusement espérer mettre la pâtée aux Soviétiques. Pourtant, selon William Casey, le directeur de la CIA, ça marchait plutôt bien. L'idée de recevoir les principaux chefs de ce puzzle incompréhensible venait d'ailleurs de lui. Il avait beaucoup insisté. Il fallait soi-disant montrer que l'Amérique soutenait la résistance afghane. Il n'empêche que Reagan se sentait mal à l'aise. Il demanda à sa femme s'il fallait qu'il mette une cravate.

— Bien sûr, mon chéri, pourquoi tu n'en mettrais pas ?

— Je ne sais pas. Eux, ils n'en mettent pas. Ils ont un turban sur la tête.

— Oui, mais toi, tu ne vas tout de même pas mettre un turban.

Le président pensa que sa femme avait raison. D'ailleurs, elle avait toujours raison. Autant rester naturel quand la situation ne l'était manifestement pas. Reagan accéléra le mouvement. Il avait une réunion de préparation avec Michael Bury, qui s'occupait plus particulièrement de l'aspect militaire, et évidemment William Casey. Casey connaissait la plupart des invités du jour et le président avait besoin d'en savoir un peu plus sur ces enturbannés. Heureusement, le bureau ovale était bien frais. La femme de ménage avait branché la clim deux heures auparavant. Après avoir salué Bury et Casey, le président ouvrit la discussion :

— Bon, nous y voilà. William, tu peux me faire un rapide topo sur les invités ?

— Monsieur le président, je voudrais tout d'abord insister sur l'importance de cette réunion. Les moudjahidin font un travail extraordinaire contre les Soviets, mais il faut mettre la vitesse supérieure si on veut vraiment arriver à un résultat. Parmi les invités, il faudra surtout montrer des égards à Saladdin Matyar. C'est le chef du Hizb-e-Islami et…

— William, ça sert à rien de me donner les noms de ces partis. Je les oublie tout aussi sec.

— C'est le Parti islamique. Matyar est très actif sur le terrain mais il est un peu trop fanatique. Sinon, Abdul Hassan est un peu plus mesuré. C'est le chef de l'Union islamique pour la libération de l'Afghanistan. En théorie, il fédère plusieurs groupes. En pratique, l'Union bat de l'aile. Hassan reste tout de même important sur l'échiquier. Il y aura aussi Hibbani de la Jam'iyyat. Il ne faut pas le négliger mais il n'a pas un rôle militaire essentiel. En revanche, il est en contact informel avec les tribus pachtounes qui réclament l'indépendance et la création du Pachtounistan. C'est important car nous n'avons évidemment pas pu inviter les partisans du Pachtounistan.

— Pourquoi pas ?

— Parce que, monsieur le président, on ne peut pas se fâcher avec les Pakistanais. Ils ne veulent pas entendre parler de Pachtounistan. Sera aussi présent à la réunion l'un des frères d'un certain Oussama Ben Laden et il insistera pour que l'Amérique augmente son aide aux moudjahidin arabes. Oussama Ben Laden est un jeune plein d'avenir. Il a repris en main la formation des volontaires étrangers à la demande du chef des services de renseignement saoudiens, Faycal Al Turqi. Il est très apprécié par le régime saoudien qui est prêt à financer une partie de notre effort supplémentaire. D'ailleurs, le sujet principal de la réunion va porter sur la fourniture d'armement et en particulier de missiles Stinger*, ainsi que la formation qui va avec.

— Michael, pouvez-vous nous dire où nous en sommes de la fourniture d'armes à tous ces groupes ?

— Monsieur le président, c'est très difficile à dire. Il y a la fourniture officielle approuvée par le Sénat et il y a la fourniture off. En plus, on n'est jamais trop certain de qui réceptionne vraiment les armes. M. Casey pourra vous confirmer que parfois les armes sont revendues presque immédiatement.

Le président regarda William Casey qui semblait très gêné. Le directeur de la CIA aurait préféré éviter une discussion sur ce point, mais Bury avait mis les pieds dans le plat.

— Effectivement, monsieur le président, je dois admettre que nous avons eu quelques déconvenues avec des chefs de tribus. Une ou deux fois, ils ont revendu les armes que nous leur avions fournies.

— À qui ?

— Généralement, aux Soviétiques.

— Aux Soviétiques ? Vous vouliez dire que l'on fournit des armes gratuitement et que ces empaffés les revendent aux Soviets ?

Casey s'employa à calmer le président.

— C'est arrivé très rarement. Les Soviétiques préfèrent acheter de l'armement qui ne leur sert à rien plutôt que de le laisser en circulation. Ils ont donc fait courir l'information et quelques chefs tribaux en ont profité. Ce qui arrive plus souvent, c'est que nous fournissions des armes à des groupes qui n'en font rien. Ils sont contents d'avoir du matériel tout neuf. Ils se prennent en photo avec mais ils ne vont pas se frotter à l'Armée rouge. Ils préfèrent laisser ça à d'autres, en particulier à tous les islamistes qui débarquent de la terre entière et qui ne demandent qu'à mourir en martyrs.

— Ah, les bons petits gars ! souligna le président. William, si ce sont eux qui vont au charbon, c'est à eux qu'il faut donner les armes.

— Très juste, monsieur le président, répondit Casey, mais il y a une grande diversité de groupes plus ou moins extrémistes que nous ne contrôlons pas forcément. Pour être clair, c'est le bordel. Si nous avons invité l'un des frères d'Oussama Ben Laden, c'est parce que nous voulons jouer la sécurité. Avec Oussama Ben Laden, on joue sur du velours. Il est saoudien, très proche de la famille royale, très bien éduqué. C'est un ami de l'Amérique. Il est en contact avec la CIA depuis un petit bout de temps. Il a aussi des relations étroites avec l'ISI, le service de renseignement extérieur pakistanais. C'est le bon cheval. On peut lui faire confiance les yeux fermés. Il est fiable et il ne nous fera jamais un enfant dans le dos. Vous verrez, il est encore jeune mais il fera parler de lui.

— OK, William, vous avez une photo du gugus ?

— Bien sûr, monsieur le président : voilà...

— Il est très jeune, votre protégé. Hum... En tout cas, je dois admettre qu'il a un visage sympathique qui inspire confiance. Je commence à croire que cet Oussama est effectivement une chance pour l'Amérique. Et vous, Michael, qu'en pensez-vous ? Des Stingers, c'est quand même pas n'importe quoi ! Je n'ai pas envie qu'ils tombent en de mauvaises mains.

— Je partage l'avis de M. Casey, d'autant que ce sera sans doute plus facile pour nos formateurs d'entraîner au maniement des Stingers les moudjahidin étrangers plutôt que les Pachtounes. Les Pachtounes sont un peu trop bordéliques. Et puis, si l'on donne des Stingers à un groupe pachtoune, les autres vont être jaloux. Ça va mettre un souk pas possible. Toutes les tribus sont en concurrence. Chacune a son territoire, son émir, son trafic de drogue, sa petite vendetta.

— Grosso modo, c'est un peu comme nos tribus indiennes dans le temps, constata le président.

— Oui, si ce n'est que ce sont des Indiens auxquels on ne peut pas vendre d'alcool frelaté et auxquels nous avons déjà livré 40 000 tonnes d'armement en tout genre ! Nous espérons même atteindre un volume de 70 000 tonnes avant la fin de l'année 1986. Il faut mettre le paquet si l'on veut que le piège à ours fonctionne, souligna Bury.

Le président avait l'air songeur. Il regarda la carte de l'Afghanistan déployée sur le bureau. C'était un grand pays. Il se demanda s'il n'y avait que de la montagne ou s'il y avait également de grandes plaines avec des troupeaux de buffles. Il préféra ne pas poser la question. Bury et Casey le regardaient. Maintenant, il fallait décider. La réunion, ce n'était qu'une formalité. La stratégie devait être définie en amont. De toute façon, tous demandaient des Stingers. Alors autant décider à l'avance qui remportera le morceau. On pourra toujours consoler les autres avec des armements plus traditionnels. L'idée de booster le petit Oussama Ben Laden lui paraissait excellente. Un Saoudien bien élevé en lien avec la CIA, les services saoudiens et l'ISI pakistanais, c'était du pain bénit.

— William, cet Oussama a-t-il de bonnes relations avec les chefs pachtounes ?

— C'est son point fort, monsieur le président. En fait, il a de bonnes relations avec à peu près tout le monde. C'est un fédérateur. Il est proche de Matyar et des principaux chefs de tribus. Si on lui demande, il pourra venir en appui, avec les missiles Stinger, de n'importe quel groupe qui en aura besoin. Il peut constituer une force d'appoint idéale sur toute la zone tribale. De cette façon, tout le monde en profitera et il n'y aura pas de jaloux.

— OK, c'est donc décidé. Les Stingers seront pour Oussama. Maintenant, il est temps d'aller à cette réunion barbante. À part Santa-Claus, je n'avais encore jamais reçu un barbu à la Maison Blanche.

Le président sourit à sa propre plaisanterie. Soudain, il eut l'air contrarié. Il venait de se souvenir d'un film dans lequel il avait joué au milieu des années 1950.

Le film s'appelait *La Reine de la prairie*. C'était l'histoire d'un agent gouvernemental qui débarquait au Montana pour enquêter sur un trafic d'armes au profit d'une tribu indienne en révolte. Ça tournait en eau de boudin pour les trafiquants d'armes.

— William, vous avez vu *La Reine de la prairie* ?

— La quoi ?

— *La Reine de la prairie* ! c'est un des westerns dans lequel j'ai tourné.

— Ah oui, évidemment, monsieur le président, j'ai vu tous vos films, même les plus…

— Les plus quoi ?

— Non, je voulais dire que j'avais même vu les westerns. Vous savez, les westerns et moi, ça fait deux.

— Bon, mais vous l'avez donc vu, ce film. Alors, vous croyez vraiment que l'on doit leur filer des Stingers ?

— Monsieur le président, qui est le pire ennemi de l'Amérique ?

— Les Bolcheviques, bien sûr.

— Voilà, et aujourd'hui, ceux qui font chier les Bolcheviques, ce sont les islamos. Ils ne sont pas si méchants que ça, les islamos. Au moins, ils croient en Dieu, comme nous.

— C'est bon, c'est bon. J'espère au moins que je n'aurai pas à fumer le calumet de la paix pendant la réunion.

À moitié rassuré, le président se rendit dans la salle de réunion. Il accueillit ses hôtes. Casey lui avait expliqué qu'il fallait répondre « *Alaykoum Salam* » quand on lui disait « *Salam alaykoum* ». Si on lui demandait comment ça allait, il fallait répondre « *El Hamdoulillah be hayr* ». Les musulmans adoraient que l'on parle arabe, selon Casey. C'était la langue du Coran, la seule langue respectable. Pour les islamos, l'anglais, c'était un patois profane. Le président fut rassuré en constatant que ses invités s'asseyaient normalement sur les canapés et pas en tailleur sur le tapis. Durant la réunion, il fit de son mieux mais, apparemment, les enturbannés avaient décidé de le faire tourner en bourrique. Heureusement, il avait demandé à Casey de rester à ses côtés. C'est surtout Matyar qui chargea la barque. C'était prévisible.

Après que le président eut souhaité la bienvenue à tout le monde et promit l'aide de l'Amérique pour combattre les Bolcheviques, Matyar prit la parole pour le remercier et lui assurer qu'avec l'aide des États-Unis, les Afghans allaient chasser tous les mécréants d'Afghanistan et instaurer un État islamique. Les autres invités opinèrent de la tête en signe de satisfaction. Ronald Reagan, un peu interdit, se retourna vers Casey et lui demanda à voix basse :

— C'est quoi cette histoire ? Les mécréants, ce ne sont que les Soviets ou ça nous concerne aussi ? Parce qu'on a quand même ce pipe-line à faire passer chez eux dès que les cocos seront partis.

— Ça nous concerne aussi, en théorie. Mais il n'y a pas péril. L'Amérique a négocié des tas d'accords avec les Indiens et à la fin on a toujours fait ce qu'on voulait. Aujourd'hui, il faut faire profil bas. Quand les bolchos ne seront plus là, on avisera.

Puis la discussion tourna comme prévu sur les missiles Stingers, et comme prévu, elle s'envenima. Les différents chefs de clan en seraient sans doute venus aux mains si le frère d'Oussama n'avait promis d'en faire profiter à peu près tout le monde. C'est à ce moment qu'Abdul Hassan mit son grain de sel :

— Monsieur le président, je ne comprends pas pour quelle raison vous ne pourriez pas partager entre nous tous les missiles Stinger. Nous sommes tous, sur nos différents théâtres d'opération, aux prises avec les hélicoptères soviétiques. Ce sont eux qui nous font le plus de mal. Ils nous repèrent, nous mitraillent et nous bombardent. Nous luttons tous contre les mécréants soviétiques et il est injuste que seuls les moudjahidin étrangers bénéficient de vos missiles sol-air.

— Je comprends bien votre préoccupation mais je suis obligé d'objecter…

En fait, le président ne savait pas trop quoi objecter. Ce que venait de dire Hassan ne lui paraissait pas bête du tout. Il se tourna vers Casey et lui demanda à voix basse :

— Au fait William, pourquoi ne peut-on pas couper la poire en deux ?

— Parce que, monsieur le président, il va falloir la couper en six ou sept. Cela veut dire qu'on va devoir former tout le monde et qu'après on pourra s'accrocher pour récupérer auprès de tous ces fanatiques les Stingers non utilisés. Ils vont faire n'importe quoi avec, monsieur le président. Il ne faut surtout pas donner des Stingers à tous ces groupuscules.

— Vous avez raison, Casey. Bon, je sais ce qui me reste à faire. On va jouer à plouf plouf*.

— Quoi ? Comment ça, on va jouer à plouf plouf ?

— Ne t'inquiète pas, William, je connais ce jeu par cœur et je sais toujours sur qui ça va tomber. Il faut bien que je trouve un moyen pour ne pas les vexer.

Pendant que Casey se prenait la tête entre deux mains en priant pour que le président maîtrise effectivement l'art du plouf plouf, celui-ci expliqua à ses invités que l'Amérique ne pouvait pas fournir des missiles Stinger à tout le monde et qu'on allait donc jouer à un petit jeu. Fort heureusement, personne ne comprit de quoi il s'agissait, même pas l'interprète qui se demandait encore comment il pouvait traduire tout ça en arabe et en pachtoune. Le président se lança : « Plouf plouf, pour toi l'stinger au bout de trois : un, deux, trois. Félicitations, monsieur Ben Laden, vous avez gagné. Vous pouvez annoncer la bonne nouvelle à votre frère Oussama. N'oubliez pas de lui dire de ma part que l'Amérique apprécie ses efforts et compte beaucoup sur lui. »

La journée avait été éprouvante. Il restait malheureusement la conférence de presse. C'est Casey qui avait écrit le discours. Le président avait trouvé qu'il y était allé un peu fort mais Casey avait insisté. Selon lui, c'était une journée historique et il fallait vraiment marquer le coup. Sur le perron de la Maison Blanche, à côté de ses nouveaux amis enturbannés, le président fit un discours très remarqué :

« L'Amérique est très honorée d'accueillir sur son sol d'authentiques combattants de la liberté. Nos amis afghans sont nos frères. Certes ils sont différents de nous, mais ils croient comme nous à un Dieu-tout puissant. C'est bien là l'essentiel. Ils croient également, tout comme nous, à la Liberté. Ils ressemblent aux pères fondateurs de l'Amérique et aux courageux résistants français que nous secourûmes. Nous ne pouvons pas abandonner les résistants afghans à la barbarie bolchevique, pas plus que nous ne pouvions abandonner les résistants français confrontés à la toute-puissance nazie. Nous serons au côté de la liberté aujourd'hui comme hier. »

Pourquoi ne pas les laisser partir ?

Si des gens ne veulent plus être français et ne veulent plus vivre en France, quel droit avons-nous de les en empêcher ? Après l'affaire Mohamed Merah, le président Sarkozy lança le projet d'interdire pénalement le départ pour le Jihad et pour l'entraînement militaire ou idéologique en vue du Jihad. Mais la pratique de la galerie Saint-Éloi sanctionnait déjà le simple fait de s'envoler vers des terres jihadistes. Nous arrivions tant bien que mal à gérer un phénomène ingérable, quitte à torturer un peu nos textes répressifs face à un phénomène qui dépassait notre conception du droit pénal. Jamais, il y a quelques années, nous n'aurions imaginé, à la galerie Saint-Éloi, tomber dans la facilité à ce point. Et maintenant, nous y sommes. Celui qui veut faire le Jihad est un terroriste en puissance. Il est inutile d'attendre qu'il ait fait ses preuves. Il faut soigner le mal à la racine. Non, la guerre sainte n'est pas une guerre. Pour nous, une guerre est forcément laïque. Une guerre, c'est un conflit armé entre deux pays bien définis qui envoient sur le champ de bataille des armées identifiables, avec de beaux uniformes, composées de citoyens dociles et amoureux de leur patrie au point de vouloir mourir pour elle. Ces histoires de guerre sainte, ce n'est plus pour nous. Les guerres de religion, nous avons assez donné. Maintenant, celui qui brandira l'étendard de la guerre sainte ira réfléchir à la prison de la Santé.

Il y a quelques années à peine, nous laissions nos jihadistes vivre leur destin. Nous nous disions même que nous avions trouvé un terrain d'entente. Ils se réjouissaient d'aller mourir sur une terre de Jihad et nous, nous étions contents d'être débarrassés d'eux. L'équilibre était parfait. Quand ils revenaient, nous étions là, bon pied bon œil. Nous en avions rarement loupé. Dans le lot, quelques-uns ne revenaient pas. C'était tout bénéfice. Soit qu'ils étaient morts, soit qu'ils avaient fait l'Hijra pour de bon.

Nous avons toujours eu un problème avec l'Hijra. Ce problème était en partie lié avec le double langage de nos clients. Quand on leur parlait de Jihad, ils parlaient d'Hijra. Ils n'étaient pas partis faire le Jihad armé mais l'Hijra. Un bon musulman, affirmaient-ils, ne pouvait vivre dans un pays de mécréants et avait le devoir de s'installer dans un pays où était pratiqué l'islam des origines, celui des Salafs. Nos salafistes avaient peur pour leurs filles, pour leurs femmes. Comment peut-on vivre comme un bon musulman si sa femme a l'interdiction de porter le niqab et si sa fille sort en boîte de nuit ? C'était cela, leurs préoccupations quotidiennes. Si l'islam n'était pas soluble dans la laïcité, la laïcité n'était pas davantage soluble dans l'islam. Mais nous n'étions pas du tout convaincus. S'ils ne voulaient faire que l'Hijra, pourquoi avaient-ils décidé de la faire, par le plus grand des hasards, sur une terre de Jihad ? Les moins retors nous répondaient que le Prophète avait fait l'Hijra dans le but de faire le Jihad. L'idéal était de faire l'Hijra dans un pays en guerre, où l'islam devait être défendu, histoire de joindre l'utile à l'agréable. Mais bien peu s'y tenaient. Qu'ils soient partis s'entraîner pour un Jihad actuel ou en prévision d'un Jihad futur, qu'ils aient combattu ou non, ils revenaient pour la plupart en France. Pendant leur absence, un ami avait fait le nécessaire pour que les allocations chômage, familiales, d'aide au logement et autres RMI continuent à leur être versées. Le lien avec la France n'était pas rompu : il était devenu utilitaire. La France était le pays de mécréants que l'on quittait et où l'on revenait après un séjour plus ou moins long sur une terre de Jihad.

À leur retour, nos jihadistes retrouvaient le confort moderne et n'avaient pas tous des projets terroristes en préparation. Certains avaient été cruellement déçus par Al Qaida et les taliban. Après une année à passer le balai et à faire la tambouille, un bon nombre de nos apprentis jihadistes étaient revenus de leurs illusions. Le « taliban land » n'était pas forcément l'Eldorado qu'ils avaient imaginé. Pour ceux qui étaient partis avec leur femme, la situation était pire. La vie d'une femme talibane n'était pas une sinécure, à moins d'avoir une capacité de renoncement exceptionnelle.

Pour quelle raison, malgré des conditions de vie très difficiles, la zone pakistano-afghane avait-elle, et a-t-elle toujours, la préférence ? Pour nos fondamentalistes, il n'est pas si évident de trouver le pays où le vrai islam se pratique. Leur conception de la religion est devenue si rigoriste que rares sont les pays qui remplissent les critères. Le Yémen compte parmi ceux-là et plusieurs s'y installèrent que l'on ne revit jamais. Mais en général, le régime taliban reste la référence absolue. Les zones contrôlées par les taliban sont les seules où est appliquée pleinement la Charia. D'autres pays la mettent en œuvre, comme l'Arabie saoudite, mais sont, selon nos candidats à l'Hijra, corrompus par l'influence occidentale, vendus à l'Amérique, et plus soucieux de multiplier les pétrodollars que d'appliquer un islam rigoureux. Les princes saoudiens ne vont-ils pas se détendre dans des hôtels luxueux où l'on vend de l'alcool ? Leurs femmes ne vont-elles pas faire leurs emplettes sur les Champs-Élysées ? Que l'Afghanistan des taliban ait été considéré comme l'Eldorado du bon musulman à partir de 1996 explique que la notion d'Hijra se soit confondue avec celle du Jihad dans l'esprit de nos jeunes intégristes. La seule véritable terre d'Hijra était aussi une terre de Jihad, à défendre de la présence occidentale, de l'invasion des mécréants.

Cette confusion dure encore aujourd'hui. L'Hijra et le Jihad sont devenus synonymes. Il faut faire l'Hijra sur une terre que l'on pourra défendre par les armes afin de mériter ce que l'on est venu chercher, comme une sorte de conquête de l'Ouest à l'envers. En réalité, ce n'est pas si simple, car les populations locales n'ont pas nécessairement le désir de verser dans un islam trop rigoriste. Il s'agit d'une question essentielle que nos jeunes jhadistes cependant ne se posèrent pas et ne se posent toujours pas. Aucun sondage, aucune statistique ne leur permet de savoir si la population dans son ensemble veut vraiment d'eux et de leur conception de l'islam. Mais n'est-ce pas une façon très occidentale de se poser la question de la légitimité de la venue des moudjahidin en zone pakistano-afghane ? Comme si des fondamentalistes religieux s'inquiétaient de leur légitimité démocratique ? Sont-ils soutenus par la majorité de la population ? Quelle importance puisqu'ils apportent la vérité d'Allah, puisqu'ils ont Dieu à leur côté ! Que la population veuille ou non cette dernière change-t-il le fait que cette dernière soit une obligation ? N'avons-nous pas aussi, nous autres chrétiens, à d'autres époques et dans d'autres lieux, prétendu sauver des âmes avec ou sans le consentement de leur propriétaire ?

Mis à part l'Eldorado des taliban, il y eut certains pays prometteurs qui, à l'occasion d'un conflit, en Algérie, Indonésie, en Irak, Somalie ou Bosnie, permettaient de rêver à l'instauration d'un régime islamique. Mais ces rêves s'évanouirent assez vite. Quant à celui d'instaurer un tel régime au cœur même de l'Occident, il ne pouvait devenir réalité, même selon les plus optimistes de nos intégristes, qu'à très long terme. Bien sûr, certains de nos jeunes musulmans idéalistes commencèrent à avancer l'idée qu'après tout ils étaient français et que la France devait leur laisser pratiquer leur religion comme ils l'entendaient. Le Canada, véritable démocratie, n'avait-il pas été à deux doigts de se laisser convaincre et d'autoriser la communauté musulmane à vivre selon ses propres règles religieuses ? Le débat fut animé chez nos amis canadiens. Le rapport Boyd, publié en décembre 2004, recommandait l'officialisation de la Charia en Ontario dans le domaine du droit de la famille. Il n'était pas question d'autoriser l'amputation pour les voleurs ou la lapidation des femmes adultères, mais d'autoriser l'instauration de Tribunaux islamiques pour résoudre, selon la Charia, les questions d'ordre familial et successoral. Au prétexte que des musulmans radicaux s'interdisaient de saisir des tribunaux laïcs et faisaient appel à l'arbitrage pour résoudre leurs conflits familiaux, certains préconisaient de remplacer cette pratique arbitrale par de véritables juridictions ayant pignon sur rue. Le débat avait été lancé en 2003 par l'Institut islamique de justice civile en Ontario et trouva des oreilles attentives. L'argument était le suivant : « Comme nous le faisons de toute façon déjà, il est préférable que vous entériniez cette avancée de l'islam en terre canadienne. » La ficelle était un peu grosse. Une femme musulmane devait continuer à bénéficier, au moins en théorie, de la protection de la « Charte des droits et libertés de la personne » applicable sur l'ensemble du territoire canadien. Peut-être était-ce illusoire dans certains milieux mais, du moins, était-il indispensable de laisser à bord du bateau une hypothétique bouée de sauvetage, la possibilité pour une femme musulmane de contester l'arbitrage devant une juridiction canadienne, de soutenir qu'elle n'avait pas en toute liberté accepté le principe de l'arbitrage islamique. En décembre 2005, le débat fut temporairement clos et la Charia ne vit pas légalement le jour en Ontario. Cet exemple montrait qu'à défaut de faire l'Hijra, certains musulmans avaient en tête de transformer un pays laïc en pays musulman. Après tout, le Prophète aurait-il quitté La Mecque si les polythéistes s'étaient laissé convaincre ? Certainement pas. Mais comme nul n'est prophète dans son pays, du moins au début, Mohamed partit pour Médine. Le reste de l'histoire en découle.

Avec sa finesse politique, Tarik Ramadan estima que les musulmans du Canada avaient manqué de « créativité ». Il était possible d'atteindre le même objectif sans s'attaquer de front aux lois laïques en vigueur. Il n'était pas souhaitable, pour l'heure, de parler de Charia. Il était souhaitable de faire progresser les lois islamiques sans le crier haut et fort, en somme de couvrir cette Charia que les Occidentaux ne sauraient voir. Du moins, Tarik Ramadan appelait-il à un passage en douceur vers l'islamisation de la société. C'était toujours mieux que la violence et sans doute plus efficace.

La méthode Ramadan, cette méthode au long cours, n'est cependant pas du goût des impatients de l'islam, ceux qui veulent de leur vivant voir s'ériger une mosquée place de la Concorde, en lieu et place de l'obélisque. Je ne sais pas si ce jour viendra. Pour l'instant, personne, en haut de la tour Eiffel, n'appelle à la prière.

Les plus fondamentalistes de nos jeunes musulmans, cependant, veulent vivre dans un pays appliquant les règles divines. Faut-il les laisser faire ? C'est la question actuelle et elle appelle une réponse négative.

L'argument le plus souvent soulevé pour s'opposer *ab initio* à l'émigration jihadiste est d'ordre sécuritaire. L'histoire de l'antiterrorisme démontre que cet argument est valable. La plupart de nos exilés en terre de Jihad reviennent tôt ou tard. Pendant longtemps, nous avions affirmé haut et fort que la situation était sous contrôle. Nos services antiterroristes étaient tellement excellents que nous savions qui partait et qui revenait. Mais c'était à une autre époque, celle de « l'avant-Merah », celle où les jihadistes passaient tous par un chemin aussi balisé que celui de Compostelle. Ce chemin passait par Londres, puis Peschawar et, à leur retour, nos moudjahidin intégraient des groupes structurés, connus et très surveillés. C'était avant la mode du Jihad individuel et des groupuscules difficilement détectables. Depuis Mohamed Merah, nous savons que nous ne sommes pas infaillibles, que nous ne pouvons pas tout contrôler. La DCRI a compris le danger et a ressorti des tiroirs une vingtaine de dossiers d'individus isolés ayant goûté aux charmes des entraînements sommaires en zone pakistano-afghane. L'idée était de purger, d'en avoir le cœur net. Mais combien dans le lot étaient prêts à passer à l'action ? Combien étaient des agents dormants formés à la taqiyya ? Apparemment aucun, dans l'échantillon sélectionné. Parce que ce n'est pas si simple. Ce n'est pas comme si tous ceux qui partaient en zone pakistano-afghane ou dans d'autres terres de Jihad, tous ceux qui y suivaient un endoctrinement idéologique et militaire devenaient nécessairement des terroristes. Des années d'expérience ont démontré le contraire. La très grande majorité de nos jihadistes s'est rangée, après un passage par la case prison ou même pas. Et nous en vîmes passer. En comptabilisant seulement ceux qui subirent un traitement judiciaire à leur retour – dont on peut espérer qu'ils ne sont pas le sommet de l'iceberg –, on atteint le chiffre non négligeable de 175 personnes environ ayant suivi un entraînement militaire et s'étant parfois battues à l'étranger au sein de la mouvance Al Qaida. Dès 1992-1993, la branche française du MJIM (le mouvement de la jeunesse islamiste marocaine) a envoyé une quinzaine de recrues en Afghanistan. Pendant les années

GIA, on peut estimer à une trentaine les Français ou résidents français partis s'entraîner dans ce que nous avions baptisé les « filières afghanes ». Le conflit bosniaque a multiplié les vocations. Une bonne vingtaine de jihadistes a fait le voyage depuis la France entre 1993 et fin 1995. Le retour de Ben Laden en Afghanistan, après la prise de pouvoir par les taliban, a redonné du souffle aux infrastructures d'entraînements, les fameux camps d'Al Qaida. Jusqu'en 2001, une bonne quarantaine de recrues est partie dans cette zone. Le conflit en Tchétchénie a vu arriver une quinzaine de jihadistes. Quelques Français ou résidents français ont tenté leur talent au Cachemire ou en Somalie, mais pas plus d'une dizaine. L'Irak a été un moteur formidable pour le mouvement jihadiste en France. On peut estimer à une trentaine le nombre de départs sur zone. Depuis la fin du conflit irakien, le Waziristan, en zone pakistano-afghane, est devenu à la mode. Une quinzaine de candidats au martyre a fait le déplacement.

Sur ce nombre, sans doute sous-évalué, de 175 jihadistes pour le seul territoire français, un bon tiers est revenu avec des projets terroristes. Ils ont été arrêtés, condamnés, ont pour la plupart purgé leur peine et, à l'exception de quatre ou cinq, n'ont jusqu'à présent plus fait parler d'eux. Le taux de récidive ou de réitération n'est donc pas particulièrement élevé en la matière. Il est à peine supérieur aux autres formes de délinquance. Ce constat peut paraître surprenant dans la mesure où la charge idéologique est forte et devrait logiquement conduire à un taux élevé de récidive. Peut-être que ceux qui ont « déjà donné » s'estiment quittes envers Dieu ? Après tout, ils ont été moudjahidin. Ils ont risqué leur vie pour la grandeur de l'islam. Ils se sont souvent retrouvés en prison au retour. Le Firdaws leur est déjà acquis. Il est normal que d'autres s'y collent. D'autant qu'ils se savent particulièrement surveillés… quand ils ne sont pas assignés à résidence depuis des années.

À ce chiffre de 175 personnes s'ajoutent, en termes de menaces, les jihadistes des pays voisins, les individus pris en charge par les seuls services de renseignement et tous ceux qui se sont préparés en France pour le Jihad sans avoir quitté l'Hexagone. Ces dernières années, le phénomène d'entraînement à domicile s'est singulièrement développé. La France est un beau pays, avec des parcs, des montagnes, des campagnes, avec de nombreux endroits où l'on peut crapahuter, s'amuser entre frères et, pourquoi pas, tirer quelques cartouches. Le « Tak tak » d'une kalash sur fond de chant de cigales, c'est divin. Il est préférable toutefois d'éviter les lieux trop touristiques à certaines saisons. Une demi-douzaine de barbus qui font du canoë dans les gorges de l'Ardèche ou du Verdon est un spectacle qui passe difficilement inaperçu en plein mois d'août. La mode des stages à domicile, parfaitement compréhensible en période de crise économique, permet de se poser une question logique : faut-il nécessairement partir s'entraîner sur une terre de Jihad pour devenir un moudjahed performant ? Il semblerait que cela reste le cas. Pourtant, rien ne le justifie raisonnablement. À condition de se montrer suffisamment discret, il est possible d'apprendre à tirer à la kalash ou à fabriquer une bombe sans quitter le territoire français. Il est également possible de parfaire son endoctrinement grâce à quelques gourous locaux ou à Internet. D'où vient dans ces conditions l'attrait pour les camps d'entraînement *in situ* ? Ce n'est pas seulement le goût des voyages exotiques. Même si l'apprenti jihadiste y a suivi un simple entraînement sans être immédiatement destiné à combattre, le passage dans une zone jihadiste relève d'un processus initiatique. Le contact avec de véritables moudjahidin est indispensable dans la psychologie des jeunes recrues. C'est le passage obligé entre la virtualité d'Internet et la réalité des montagnes afghanes ou des maquis algériens. Se rendre en zone de Jihad, même pour un simple entraînement, revient à achever son cycle initiatique. Ce n'est pas seulement aller voir un concert en live après s'être passé les CD en boucle, c'est rejoindre le groupe sur scène. Et puis, les jeunes recrues du Jihad espèrent souvent qu'elles ne reviendront pas, qu'elles seront entraînées puis utilisées sur place. S'entraîner sur une terre musulmane agressée revient déjà à faire le Jihad, tandis que crapahuter dans le Massif central, même avec de fermes intentions jihadistes, reste un exercice essentiellement sportif et très peu spirituel. Il n'apporte qu'une satisfaction limitée. Au contraire, le passage en zone de Jihad galvanise. Il peut aussi dégoûter les moins motivés.

L'entraînement, tel qu'il a été conçu dans les camps de la mouvance Al Qaida à partir du milieu des années 1990, a pour premier objectif de dégraisser les effectifs pour ne garder que les meilleures recrues. Il commence par un entraînement commun pour toutes les nouvelles recrues fondé sur les privations et la discipline appelée « Tajisia ». Les armées régulières fonctionnent à peu près sur ce même principe avec la phase initiale, dite les « classes ». Il s'agit de mettre les civils dans le bain et de rejeter ceux qui n'ont rien à faire là. Les entraînements spécifiques, notamment à la fabrication et au maniement des explosifs, sont réservés à ceux qui ont supporté la formation initiale. Il est donc essentiel de découvrir jusqu'à quel stade de formation sont arrivés ceux que nous cueillons au retour. Un ingénieur du terrorisme n'est pas du même niveau qu'un jihadiste qui n'a obtenu que son BEP. Ce n'est pas seulement parce qu'il a acquis une technicité plus importante, c'est surtout parce qu'en réussissant la formation initiale, il a fait preuve d'une grande détermination – et c'est cette détermination qui est la plus dangereuse. Un apprenti jihadiste qui, après avoir passé une année à balayer la cour, à écouter des cours théoriques, à être victime d'une ou deux « touristas », se sera vu octroyer la permission de tirer un ou deux chargeurs de kalash en tout et pour tout, ne présente pas la même dangerosité que le terroriste accompli qui a suivi le cursus complet avec félicitations de l'émir, remise de diplôme avec mention et ceinture d'explosifs à la fin de l'année.

Une tendance forte aux formations accélérées se fait jour depuis la destruction des grands complexes d'entraînement d'Al Qaida en octobre et novembre 2001. Dans un monde qui va de plus en plus vite, où l'on veut tout tout de suite et où les drones ne pardonnent pas, les offres publicitaires du genre « devenez terroriste en seulement quinze jours de stage intensif » pourraient avoir un succès considérable. D'autant que les formations accélérées cadrent bien avec la mode du Jihad individuel. Après une formation de ce type, le jihadiste individuel n'est-il pas un pion facile à jouer, quitte à parfaire à domicile sa formation initiale ? Son apprentissage théologique dans les terres de Jihad est fait aussi à la va-vite. Les professeurs spécialisés en la matière, cernés par les drones américains, n'ont plus le temps ni l'envie de s'appesantir sur les questions dogmatiques accessoires. Le bagage idéologique que le futur terroriste doit emporter chez lui est devenu sommaire. Quelques notions de taqiyya et une loi du talion revisitée, mondialisée, indifférenciée.

Voici sans aucun doute le danger le plus évident du Jihad réinventé à l'usage du jihadiste individuel ou du microgroupe. Ceux qui repartent sont convaincus qu'ils peuvent tuer à domicile parce que la loi du talion l'exige et que la loi du talion fait partie de l'islam. Certes, la loi du talion est partie intégrante de la Charia. Elle existait à vrai dire bien avant l'islam. On la trouvait à Babylone, dans le code d'Hammourabi, 1730 années avant que Jésus-Christ ne propose au contraire de tendre l'autre joue. Elle existait aussi dans la Torah. Elle était une loi naturelle. Mais alors qu'elle fut sensiblement améliorée dans le Coran, puisque de grandes récompenses étaient promises aux victimes qui y renonceraient, les fanatiques d'aujourd'hui l'ont étendue jusqu'à la prendre à contre-sens. Un tribunal islamique, si les faits sont avérés et que la victime n'accorde pas son pardon ou ne se satisfait pas d'une contrepartie financière, infligera à l'auteur d'un crime volontaire un châtiment correspondant à ce qu'il a fait subir à la victime. L'application de la loi du talion pourra paraître sévère mais elle restera du domaine de la justice puisqu'un Tribunal aura vérifié que les faits sont constitués et que la personne punie est coupable. Qu'apprennent au contraire nos terroristes en formation accélérée ? Que la loi du talion ne doit pas exclusivement frapper le criminel, mais peut aussi viser de façon indifférenciée la communauté à laquelle il appartient. Là réside aujourd'hui le vrai fondement dogmatique du terrorisme moderne appelé le « terrorisme aveugle ».

Puisque les Américains bombardent des villages afghans, les musulmans seraient fondés, en application de la Diya (le prix du sang, dans la loi du talion), à tuer n'importe quel Américain. Si Israël tue des enfants palestiniens lors d'un bombardement à Gaza, les musulmans pourraient tuer des enfants juifs n'importe où, par exemple dans une école toulousaine. Cette curieuse vision de la loi du talion dans l'islam permettrait ainsi de tuer des innocents pour venger la mort d'autres innocents, sous prétexte que le coupable n'est pas accessible à la sanction ! On arrive ainsi exactement au résultat que l'islam voulait éviter, c'est-à-dire éviter que la vengeance outrepasse le crime, et surtout qu'elle provoque une escalade de la violence par réactions successives de part et d'autre, et enfin qu'elle s'en prenne à d'autres que le coupable.

Qu'il faille faire notre possible pour empêcher nos jeunes musulmans de partir sur une terre de Jihad ou de pré-Jihad est donc une évidence si l'on considère que c'est là-bas qu'ils achèvent leur cycle initiatique, complètent leur formation et abandonnent leur morale et leurs habits occidentaux. Quand ils reviennent, ils sont la plupart du temps plus dangereux que lorsqu'ils sont partis. L'utilisation à plein de notre système judiciaire préventif peut paraître injuste mais il est en réalité dans la droite ligne de ce que les juristes appellent le « délit-obstacle ». Un comportement est érigé en infraction, non parce qu'en lui-même il serait nécessairement condamnable, mais pour éviter une infraction beaucoup plus grave. L'interdiction de la conduite en état alcoolique a ainsi pour but d'éviter des blessures et des homicides involontaires. Il faut raisonner de la même façon pour les départs en zone de Jihad. De plus, à l'instar d'un conducteur sous l'effet de l'alcool, l'interpellation d'un candidat pour le Jihad avant son départ permet aussi de le protéger lui, et pas uniquement ses potentielles victimes.

Derrière la théorie juridique se cache d'ailleurs une réalité bien connue des policiers et magistrats antiterroristes. Conscients du danger encouru par leur progéniture, ce sont bien souvent les parents qui donnent l'alerte. Ils prennent l'initiative de prévenir la police du départ programmé de leur enfant. Ces parents qui nous appellent au secours ne comprendraient pas que nous restions sourds à leur demande. Ils préfèrent que leur enfant soit arrêté et passe quelque temps en prison pour mettre fin à la spirale infernale. Ils ne veulent ni que leur enfant soit tué ni qu'il devienne un terroriste. Ils sont d'autant plus dans le vrai qu'un jeune musulman endoctriné, interpellé suffisamment tôt, reprend souvent une vie normale et abandonne ses velléités jihadistes qui ne correspondaient qu'à un moment particulier de sa vie, à une conjonction d'éléments qui ne se retrouveront plus.

Ce constat vaut d'autant plus aujourd'hui que les recrues sont de plus en plus jeunes et influençables. Elles agissent sur un coup de tête sans véritable analyse et réflexion, généralement sous influence. Puis, l'influence disparaît et les années amènent plus de maturité. Les policiers et magistrats spécialisés ont bien conscience, lorsqu'ils sont confrontés à un jeune totalement immature, qu'il est bien plus la victime d'une propagande jihadiste redoutable qu'un criminel. Il est devenu impossible de fermer les yeux sur ce constat, alors que la galerie Saint-Éloi se transforme peu à peu en tribunal pour enfants terroristes. Face à de très jeunes individus embrigadés, face à des adolescents en crise de quinze ou seize ans recrutés sur Internet, la mission de protection qui caractérise la Justice des mineurs gagne ce qui fut considéré pendant longtemps comme le temple de la répression, la galerie antiterroriste. L'on pourrait gloser longtemps sur le fait que la justice antiterroriste pousse la prévention jusqu'à éviter que ces jeunes justiciables deviennent des terroristes, tout en étant bien obligée de les considérer juridiquement comme tels. Il s'agit là d'un paradoxe qu'il faut pourtant assumer. La justice antiterroriste peut d'ailleurs s'y retrouver. Si elle considère que les enfants du Jihad sont davantage des victimes que des criminels, elle se doit d'être particulièrement sévère envers ceux qui les embrigadent. Elle pourra donc conserver son image de Justice sévère en évitant de faire n'importe quoi. Le fait de recruter des jeunes gens immatures pour en faire de la chair à canon et des terroristes est déjà, de fait, une circonstance aggravante devant le tribunal. Quel que soit le traitement judiciaire que l'on réserve aux « enfants du Jihad » eux-mêmes, nous ne pouvons de toute façon pas laisser partir des mineurs ou des jeunes adultes se faire tuer pour des causes qu'ils ne comprennent parfois même pas. Nous ne pouvons pas nous rendre complices de la manipulation des terroristes professionnels qui les recrutent, leur lavent le cerveau puis les exploitent. Si nous pouvons intervenir pour éviter qu'ils réussissent dans leur projet d'embrigadement, il est impensable de rester à ne rien faire. C'est pourquoi la justice antiterroriste ne demeure pas inactive et semble condamnée à une prévention de plus en plus précoce.

L'utilisation d'enfants par la mouvance Al Qaida n'est pas une nouveauté. L'histoire du jeune Canadien Omar Khadr est là pour nous le rappeler. Capturé par les troupes américaines en juillet 2002, après avoir été grièvement blessé au combat à l'âge de quinze ans, il a été détenu au centre de Bagram, puis, à partir du 28 octobre 2002, à Guantanamo. Le 31 octobre 2010, il a été condamné à quarante ans de prison. Il avait accepté de plaider coupable avant de dénoncer les tortures dont il aurait fait l'objet. Théoriquement, il ne devrait, aux termes du *plea bargaining*[1], n'exécuter qu'une peine de huit années en plus de celles déjà passées à Cuba. Le cas d'Omar Khadr est exemplaire. Quinze ans, c'est à peu près l'âge à partir duquel un enfant est autorisé à faire le Jihad. Un jeune musulman acquiert la majorité au moment de la puberté et, dès lors, il est apte au combat, selon les théoriciens du salafisme jihadiste. Or, dans nos sociétés modernes, un jeune de quinze ans est encore un enfant. La maturation se fait beaucoup moins rapidement. Une bonne

1. *Plea bargaining* : aux États-Unis, ce terme désigne la négociation entre les services de l'Attorney, c'est-à-dire du procureur, et l'avocat de la personne poursuivie. Si celle-ci plaide coupable et aide de son mieux les enquêteurs, un accord pourra être trouvé sur un quantum de peine minorée.

justice devrait admettre cette réalité et en tenir compte. Malheureusement, l'attitude des États-Unis envers Omar Khadr est allée en sens inverse. L'Amérique l'a considéré comme un adulte et a donné finalement raison aux professionnels du terrorisme qui soutiennent pouvoir recruter des adolescents au motif qu'ils seraient déjà des hommes. En Irak, les troupes américaines ont constaté, à partir de 2007, une explosion du recrutement des jeunes par la mouvance Al Qaida. Leur utilisation massive serait due à la difficulté plus grande de faire venir de la main-d'œuvre étrangère, en raison de la réaction des pays autour de l'Irak et d'une plus grande vigilance de la Syrie à ses frontières. Selon le quotidien arabe *Al Shark Al Awsat*, le nombre de mineurs capturés par les troupes américaines serait passé de 100 à 800 entre mars et août 2007.

Outre le motif de sécurité interne lié au danger potentiel que représentent les jihadistes à leur retour et au motif plus altruiste de protection de ces individus eux-mêmes, il existe une autre raison de ne pas admettre leur départ vers des terres étrangères. La France, comme tous les autres pays, ne peut plus considérer l'ordre public comme une exigence purement hexagonale en matière de terrorisme. Le terrorisme islamiste est un phénomène mondial qui appelle une solidarité et une stratégie collective de la communauté internationale. En matière de terrorisme, la notion d'ordre public international est aussi importante que celle d'ordre public national. La venue massive de jihadistes sur des zones de conflit a un effet déstabilisateur dans les régions concernées, d'autant que les habitants de celles-ci, s'ils peuvent ponctuellement apprécier l'aide des moudjahidin étrangers, ne partagent pas nécessairement leur goût pour l'instauration d'un État islamique. À supposer même que la sécurité des populations locales ne soit pas une motivation suffisante pour lutter contre l'émigration jihadiste, il existe sous l'angle de l'ordre public international une sorte d'obligation morale pour la France de ne pas aggraver la situation de ses alliés. Pouvons-nous laisser des citoyens français ou des personnes de nationalité étrangère partir combattre nos alliés sans réagir ? L'Amérique, en particulier, est un pays ami de la France. Elle est une alliée stratégique. Les services antiterroristes de nos deux pays travaillent main dans la main. La neutralité n'est d'ailleurs envisageable que lorsque l'on n'est pas concerné. Or comment ne pas être concerné quand ce sont des Français ou des résidents français qui veulent combattre l'Amérique ? Le problème s'est posé avec beaucoup d'acuité lors du conflit irakien. La France n'était pas engagée sur le théâtre des opérations militaires mais a néanmoins continué à coopérer étroitement avec l'Amérique en matière d'antiterrorisme. Il arrive toujours un moment où il faut choisir clairement ses amis et désigner ses ennemis.

Que l'on ne puisse laisser une partie de notre population partir combattre l'armée d'un pays ami semble une évidence. *A fortiori*, pouvons-nous laisser partir des individus qui vont peut-être combattre nos propres soldats ? Comment admettre que des Français ou des résidents français puissent partir lutter en zone pakistano-afghane contre une coalition dans laquelle est engagée l'armée française, tout en continuant parfois à toucher les allocs ? Et si l'un de nos nationaux tue un soldat français en Afghanistan, parlera-t-on encore de terrorisme ? Utilisera-t-on la bonne à tout faire, la législation antiterroriste, pour réprimer un comportement qui est condamné depuis des temps anciens par la loi ? Jamais la justice française n'a utilisé, dans pareille circonstance, une infraction autre que l'association de malfaiteurs terroristes. Or, nous pourrions sans doute utiliser les infractions « d'intelligences avec une puissance étrangère », et notamment les dispositions de l'article 411-4 du code pénal : « Le fait d'entretenir des intelligences avec une puissance étrangère, avec une entreprise ou organisation étrangère ou sous contrôle étranger ou avec leurs agents, en vue de susciter des hostilités ou des actes d'agression contre la France, est puni de trente ans de détention criminelle et de 450 000 euros d'amende. » Cette infraction est qualifiée de trahison quand elle est commise par un Français (article 411-1 du code pénal). Le pire, c'est que, confrontés à des personnes qui n'ont plus aucun sens de l'appartenance nationale, nous nous gardons bien d'utiliser des infractions teintées de nationalisme. Seraient-ce des infractions passées de mode parce que nous aurions honte d'affirmer judiciairement que c'est un crime pour un Français que de combattre l'armée française ? Ça ferait ringard, sans doute... ou alors politiquement incorrect. Pourtant, il s'agit là d'une réalité. À l'époque du service militaire obligatoire, un jeune appelé immature qui désertait à la première permission écopait d'une peine de prison pour ce seul motif. Aujourd'hui, l'on peut s'engager aux côtés d'un groupe militaire agissant sur le terrain contre l'armée française sans que ce comportement soit spécifiquement poursuivi. Il est pudiquement enveloppé dans la qualification-balai de « l'association de malfaiteurs terroriste ». Les Américains n'ont pas cette pudeur et poursuivent, sous des qualifications pénales très voisines de nos infractions d'intelligences avec une puissance étrangère, les individus qui complotent en vue de s'en prendre aux intérêts américains partout dans le monde, qu'ils le fassent au sein d'un groupe terroriste ou non.

JOURNAL D'UN MOUDJAHED

10 juillet 2001

*Gloire à AR-Rahman, celui qui accorde la miséricorde à ses fidèles**

Karim et moi sommes enfin arrivés à Peshawar, par la Grâce du Tout-Puissant. Le voyage a été interminable. À l'aéroport, nous étions inquiets car quelqu'un devait venir nous chercher mais il n'y avait personne. J'ai trouvé une cabine et j'ai appelé le numéro qu'Abderahim « les bras coupés » m'avait donné à Londres. La personne que j'ai eue en ligne n'était pas au courant de notre arrivée. Il y a eu un loupé quelque part. Karim commençait déjà à s'énerver. Il est toujours pessimiste. Je lui ai rappelé que nous étions dans les bras d'Allah, que nous marchions sur les sentiers de Sa gloire et que ce qui est écrit se réalisera. Deux heures plus tard,

Hocine est venu nous récupérer. Il nous a juste fait un rapide Salam et n'a rien dit d'autre. Nous avons traversé la ville dans un pick-up. Il y avait du bruit, des couleurs et des gens partout. Les femmes portaient la burqa. J'ai regardé Karim. Il m'a fait un grand sourire. Il était heureux et apaisé. Il m'a dit qu'enfin, par la volonté d'Allah, nous étions dans le pays de la Foi véritable. Par contre, nous avions un peu honte. Les gens avaient des barbes fournies et nous étions seulement mal rasés. Hocine a arrêté le pick-up devant une grande maison verte. Je n'avais jamais vu une maison avec une façade verte. C'était un vert kaki, un peu sale. À l'intérieur, il devait bien y avoir une vingtaine de frères. Nous avons échangé les salutations d'usage. La plupart des frères parlaient français. Nous étions très étonnés. Un frère qui semblait s'occuper de la maison se présenta à nous sous le nom d'Abou Mohamed. Il s'est amusé de notre surprise et nous a expliqué que nous étions dans la « Maison des Algériens », puisque nous étions des Français d'origine algérienne. À Peshawar, on évitait de mélanger. Il y avait une maison à part pour l'accueil des Tunisiens et des Marocains. Quant aux Jordaniens, Saoudiens, Libyens et, d'une manière générale, les frères du Golfe, ce n'est pas Abou Mohamed qui s'en occupait, même s'il prenait de temps en temps des Syriens en dépannage.

Karim et moi sommes très soulagés. Nous avions peur de tomber sur des frères qui ne parleraient pas un mot de français.

11 juillet 2001
Je prie qu'An-Nur m'apporte la lumière, efface mes doutes et mes peurs.

Nous avons très bien dormi, même s'il a fait très chaud. Mais personne ne s'est occupé de nous pendant la journée. Au petit matin, tous les occupants de la maison sont partis en pick-up. Ils étaient heureux et soulagés. Ils partaient pour un camp d'entraînement. Du coup, nous nous sommes retrouvés tous les deux mais nous n'avons pas osé nous promener dans Peshawar. Abou Mohamed est revenu tard le soir. Il était fatigué. Il nous a demandé nos prénoms. Nous étions surpris car nous les lui avions déjà donnés la veille. Quand nous lui avons répondu, il a pris l'air grave. Il nous a expliqué que nos prénoms d'avant, il fallait les oublier. Nous devions choisir une kounia. J'avais déjà choisi celle d'Abou Hamza et Karim celle d'Abou Fares. Puis Abou Mohamed nous a pris nos passeports et nous a donné une feuille de renseignements à remplir. J'ai regardé Karim… ou plutôt Abou Fares. J'étais gêné par une question à laquelle je ne m'attendais pas. Il fallait indiquer si l'on était prêt à exécuter une opération martyre. J'ai demandé tout bas à Abou Fares ce qu'il avait coché. Il m'a dit qu'il avait coché « non ». J'ai fait pareil, mais j'ai eu peur de me faire mal voir. Abou Mohamed a ramassé nos copies et nous a dit qu'il reviendrait demain pour nous expliquer la suite.

12 juillet 2001

Je remercie mille fois Al Wahhab pour avoir conduit jusqu'ici Abou Brahim.

Abou Mohamed n'est pas venu. En revanche Hocine a ramené de l'aéroport trois frères. Je suis heureux de voir des nouveaux. Il y a deux Belges de Bruxelles et un Canadien de Montréal. Tous ensemble nous avons visité la ville. Nous avons acheté des légumes et des fruits. De toute façon, il n'y avait plus rien à manger. L'accent du Canadien nous a fait bien rire. C'est un vrai Canadien de Montréal, un converti. Il a choisi la kounia d'Abou Brahim parce qu'il a un fils de quatre ans qui s'appelle Brahim. Abou Brahim a au moins six ans de plus que nous. Nous ne voulons pas nous moquer de lui, mais quand il dit qu'il s'appelle Abou Brahim avec son accent de Montréal, c'est vraiment trop drôle.

13 juillet 2001

Aujourd'hui, il ne s'est rien passé du tout. Nous ne sommes même pas sortis parce que les frères belges ont été malades toute la nuit. Ils se sont vidés. Ce doit être à cause des fruits et des légumes. Abou Brahim a téléphoné à Abou Mohamed mais personne n'a répondu. Nous nous sommes ennuyés.

25 juillet 2001
Je prie qu'As Sabur nous apprenne la patience.

Je n'ai pas tenu mon journal depuis longtemps parce que je n'ai rien à écrire. Il ne se passe rien. Nous avons vu Abou Mohamed plusieurs fois. Des nouveaux sont arrivés. Maintenant nous sommes quinze dans la maison et Abou Mohamed est incapable de nous dire quand nous allons enfin partir. Abou Fares commence à s'énerver.

3 août 2001

Abou Fares a été énervé toute la journée et moi aussi. Ce matin, Abou Mohamed est venu chercher les deux Belges plus Abou Brahim. Ce n'est pas juste si l'on considère qu'ils sont arrivés après nous. Nous l'avons dit à Abou Mohamed qui n'a rien répondu. En plus, Abou Brahim était le seul qui détendait l'atmosphère.

6 août 2001
Al Hakam a sondé notre cœur et nous a trouvés dignes de le servir.

Cette fois-ci c'est notre tour, par la grâce d'Allah, Abou Mohamed nous l'a annoncé ce soir. Nous partons demain très tôt pour le camp de Darounta, près de Jalalabad. Abou Mohamed était heureux pour nous. Darounta est le meilleur camp d'entraînement. Je pense à tout le chemin parcouru depuis le jour béni où Abou Fares et moi avons trouvé la porte. Je nous revois, hésitants, devant la mosquée de Finsbury Park, juste avant de rencontrer celui qui nous a permis de rejoindre la caravane.

16 août 2001

Nous sommes arrivés depuis plus d'une semaine à Darounta et c'est la première fois que je trouve la force de reprendre mon journal. C'est vraiment très dur, beaucoup plus dur que je ne l'imaginais. Nous avons un instructeur en chef, Abou Abdallah. Il nous a expliqué que le premier mois de formation servait à écarter les frères qui n'étaient pas suffisamment motivés pour souffrir au nom du Très-Grand. Je m'attendais à ce qu'on nous entraîne au tir ou à fabriquer des explosifs, mais pas du tout. Au lieu de cela, on nous réveille au lever du soleil pour faire la prière. Puis un frère nous lit le Coran pendant une bonne heure. Nous faisons ensuite des exercices physiques, du genre pompes et abdos, pendant deux heures. Après, nous avons enfin l'autorisation de boire et de manger. La pause dure trente minutes à peine et c'est reparti. Sauf que c'est encore plus dur. Nous faisons une heure de course à pied et une bonne heure de parcours du combattant. On rampe, on escalade, on court, on saute des obstacles. Pendant tout ce temps-là, nous n'avons rien à boire ni rien à manger. Si quelqu'un se plaint, Abou Abdallah ou un autre instructeur le regarde méchamment et lui rappelle qu'il n'a pas besoin de boire ou de manger s'il est motivé, qu'il n'a besoin que de sa foi. Ensuite, nous sortons du camp pour aller marcher dans la montagne. Même si c'est très dur, c'est le moment que je préfère. Il y a un endroit où l'on peut accéder à la rivière Kaboul. Hier, notre instructeur Abou Kassem nous a autorisés à nous y baigner. C'était extraordinaire, d'autant que nous étions assoiffés. Chaque soir, au retour, après la dernière prière et les sermons, nous avons un cours religieux. Les sujets varient mais bien sûr le frère nous parle beaucoup du Jihad et du martyre. C'est le seul moment où nous sommes autorisés à poser des questions.

2 septembre 2001

Abou Fares a mauvais caractère mais il est plus résistant que nous tous. Il fait notre admiration. En revanche, Abou Brahim ne va pas bien, et comme tout le monde dans notre groupe l'aime beaucoup, c'est assez dur à supporter. Nous essayons souvent de l'aider mais si Abou Abdallah ou même un autre instructeur nous voit, c'est encore pire. Le problème d'Abou Brahim, c'est qu'il s'essouffle très rapidement. Ce n'est pas une question de volonté. Je pense qu'il doit avoir un souci physique… peut-être le cœur qui fatigue. Le problème, c'est qu'Abou Abdallah semble l'avoir pris en grippe.

5 septembre 2001

Abou Abdallah nous a fait jeûner pendant deux jours, tout en continuant le programme d'entraînement. Nous avons tenu parce que le 7 septembre, il va décider qui peut rester. Ceux qui voudront partir le pourront aussi, même si Abou Abdallah ne les a pas écartés. Dans le groupe, personne ne pense qu'Abou Abdallah va garder Abou Brahim.

7 septembre 2001

Gloire au Dieu absolu, celui qui nous guide et nous accorde la victoire.

Qu'Al Fattah soit loué ! À notre grande surprise, Abou Abdallah a gardé Abou Brahim. Abou Brahim n'en revenait pas. Il avait les larmes aux yeux. De nous tous, c'est lui le plus motivé. Sans doute est-ce pour cela qu'Abou Abdallah l'a gardé. Il y a eu tout de même de grosses surprises. Abou Zoheir, un Marocain très grand et très fort qui nous devance tous à la course, a été invité à repartir chez lui. Il ne comprenait pas pourquoi et s'en est pris à Abou Abdallah. Il lui a manqué de respect. C'est à éviter. Abou Abdallah nous a réunis et, devant nous tous, Abou Zoheir a reçu trente coups de bâton sur le dos. C'est Abou Kassen qui s'est chargé de lui infliger sa punition pendant qu'Abou Abdallah nous expliquait pour quelle raison Abou Zoheir avait été remercié. Certes, nous a-t-il dit, Abou Zoheir est fort. Il est plus résistant que la plupart d'entre nous. Mais Abou Zoheir n'a pas cessé pendant un mois de se disputer avec des frères tunisiens et surtout algériens. Il a été une cause de fitna permanente[1]. Il a montré trop d'orgueil. Un moudjahed ne doit pas montrer d'orgueil. Il doit agir sans ostentation pour la gloire d'Allah.

8 septembre 2001
Que les bienfaits et la gloire d'Al Azim s'étendent sur notre cher frère Abou Abdallah, Oussama Ben Laden, le Lion de l'islam, associé au martyr Abdallah Azzam dans le Jihad.

Notre Cheikh bien-aimé est venu nous inspecter. Personne n'en revenait. Il nous a fait un discours pour nous féliciter d'avoir passé cette étape essentielle sur les chemins de la gloire. Il a précisé que la suite de la formation nous apporterait beaucoup de satisfaction et que nous deviendrions de vrais moudjahidin. Toutes les souffrances du mois écoulé se sont effacées par magie. Nous étions tous galvanisés par la venue du Cheikh. Pendant au

1. La fitna est la discorde entre musulmans, celle qu'il faut éviter. Pourtant, l'islam est la religion où la discorde est la plus évidente.

moins deux minutes, à la fin de son discours, nous avons scandé « Allah Akbar ». À côté de moi, Abou Brahim pleurait de joie. J'ai eu du mal à ne pas pleurer.

10 septembre 2001

Oh vous qui croyez !
Combattez ceux des incrédules qui sont près de vous.
Qu'ils vous trouvent durs.
Sachez que Dieu est avec ceux qui le craignent.
(Sourate de l'Immunité-verset 123)

Hier, nos cœurs se sont remplis d'allégresse à l'annonce de la mort de cet apostat de Massoud vendu à l'Amérique. Allah est grand. Il fait rejaillir sur les véritables croyants des torrents de bienfait. Heureux soient les moudjahidin qui ont donné leur vie en combattant le Taghout. Et quelle ingéniosité inspirée par le Très-Grand chez ces deux moudjahidin qui sont parvenus à éliminer cette vermine de Massoud. Je suis fier de faire partie d'Al Qaida.

11 septembre 2001

Il s'est passé quelque chose de très important mais je ne sais pas quoi au juste. Nous n'avons pas le droit à la radio et nous n'avons aucune information précise, mais il y a eu une agitation très inhabituelle dans le camp. Des taliban sont venus à plusieurs reprises voir notre émir Ibn Cheikh.

12 septembre 2001

Que ceux qui troquent la vie présente contre la vie future
combattent donc dans le chemin de Dieu.
Nous accorderons une récompense sans limites
à celui qui combat dans le chemin de Dieu,
qu'il soit tué ou qu'il soit victorieux.
(Sourate Les femmes-verset 74)

Ibn Cheikh nous a tous réunis. C'est la première fois qu'il s'adressait à nous. Il nous a dit que les moudjahidin, avec l'aide de Dieu, avaient frappé le cœur de l'Amérique. De grandes clameurs sont sorties de nos rangs. Il nous a précisé que les tours du World Trade Center et le Pentagone avaient été détruits par la puissance des moudjahidin. Dans les rangs, chacun scandait « Allah Akbar » avec ferveur et il était difficile d'entendre ce que disait notre émir. D'un geste de la main, il est parvenu à rétablir le silence. Il nous a dit que nous irions bientôt combattre les impies et qu'il fallait être très attentifs pendant la deuxième phase de notre formation. Elle doit commencer dès demain. Après le discours de l'émir, j'ai essayé d'en savoir un peu plus. Je ne savais pas ce qu'étaient le Pentagone et le World Trade Center. Je voulais comprendre pour quelles raisons ces cibles étaient si importantes. Et puis je ne savais même pas comment les frères moudjahidin, par la grâce de Dieu, avaient réussi cette action d'éclat. J'ai demandé à Abou Fares qui m'a dit que le Pentagone, c'était comme un ministère en France. Par contre, il ne savait pas non plus ce qu'étaient ces deux tours jumelles dont notre émir Ibn Cheikh nous avait parlé. Du coup, nous sommes allés demander tous les deux à Abou Brahim qui se trouvait à l'infirmerie. Abou Brahim est de plus en plus souvent à l'infirmerie. Nous étions certains qu'il pourrait nous renseigner car Abou Brahim sait beaucoup plus de choses que nous et le Canada est proche de l'Amérique. Nous avons eu raison. Abou Brahim nous a expliqué qu'il s'agissait des plus hautes tours de New York, à Manhattan. Elles étaient le symbole de la puissance de l'Amérique et c'était pour cette raison que les moudjahidin les avaient détruites. Mais Abou Brahim ne savait pas comment ils avaient pu accomplir un tel exploit.

13 septembre 2001

Où que vous soyez, la mort vous atteindra ;
Même si vous vous tenez dans des tours fortifiées.
Si un bien leur arrive, ils disent :
« Cela vient de Dieu ! »
Si un mal les atteint, ils disent :
« Cela vient de toi ! »
Dis : « Tout vient de Dieu ! »

Mais pourquoi ces gens sont-ils incapables
De comprendre aucun discours ?
(Sourate Les femmes-verset 78)

Des frères nous ont amené des journaux de Jalalabad. Il y avait même un journal américain. Nous avons vu les photos des avions s'écrasant sur les tours. Dieu est le plus grand.

5 octobre 2001

L'entraînement me comble de joie. Je tire à la kalash, au G3, à la BK, au RPG et même au mortier. Nous avons aussi un cours sur les explosifs, les systèmes de mise à feu et les poisons. Je sais déjà beaucoup de choses sur les différents types d'explosifs et de détonateurs. Hier, nous avons appris à fabriquer du cyanure et de la ricine. Nous sommes tous remplis d'admiration pour Abou Khabab. On joue des épaules pour être au premier rang lors de ses cours. Il fait son cours en arabe mais il répète les points essentiels en anglais. Ça évite à Abou Brahim de tout nous traduire à voix basse comme il le fait pour les autres cours. Abou Brahim comprend très bien l'arabe. Rien que pour cela, ç'aurait été dommage qu'Abou Abdallah le renvoie à Montréal. Avec ce que nous apprend Abou Khabab, nous pourrons détruire la mécréance partout dans le monde. On nous explique aussi comment fonctionne Al Qaida. On nous parle de tous les groupes jihadistes dans le monde, de leur chef, de leur histoire, de leurs objectifs, de leur lien avec Al Qaida. Dire que tous ces groupes ont prêté la Baya à notre Cheikh bien-aimé ! On nous raconte beaucoup d'anecdotes sur la guerre contre les Soviétiques et les exploits des moudjahidin. On nous promet que bientôt nous pourrons aussi accomplir des exploits pour la grandeur de l'islam. Hier, nous avons eu un cours sur le martyre et les opérations kamikazes. J'ai été très attentif. Le Salim nous a bien expliqué pour quelle raisons un kamikaze ne commettait pas un suicide et qu'il devenait au contraire un Shahid. Il a cependant souligné que l'opération kamikaze n'était utile que si l'on ne pouvait pas faire autrement pour atteindre la cible. Si l'on pouvait frapper l'ennemi sans y laisser la vie, c'était mieux. On ne faisait que retarder notre venue au Firdaws pour pouvoir tuer encore plus de kouffar et mériter encore plus le Firdaws. Tout est de plus en plus clair dans mon esprit.

7 octobre 2001

Les croyants combattent dans le chemin de Dieu ;
Les incrédules combattent dans le chemin des Taghout.
Combattez donc les suppôts de Satan ;
Les pièges de Satan sont vraiment faibles.
(Sourate Les femmes-verset 76)

Je n'ai jamais été aussi heureux de ma vie. Maintenant, c'est une certitude, nous allons bientôt nous battre contre ces chiens d'Américains et leurs alliés. Et, par la grâce de Dieu, nous allons gagner. Même la puissante Armée rouge s'est cassé les dents contre les moudjahidin ! Les mécréants occidentaux ne pourront rien contre nous. Nous en sommes tous persuadés et nous sommes très impatients. Seul Abou Brahim est inquiet. Il m'a dit après la prière du soir que je ne connaissais pas les Américains. Selon lui, leur réaction va être terrible. Les tours, c'était un peu trop. Je me suis fâché contre Abou Brahim. Comment pouvait-il prétendre que l'exploit des moudjahidin contre les tours jumelles, c'était un peu trop ! Abou Brahim m'a regardé avec gêne et il m'a avoué qu'il avait très peur de ne jamais revoir sa femme et son fils. Tout à l'heure, j'étais trop furieux contre lui mais ce soir, en prenant mon journal je me suis rappelé ce qu'il m'a dit et, pour la première fois depuis mon arrivée, mes parents et ma petite sœur me manquent. Je suis très heureux, bien sûr, mais à cause de ce qu'a dit Abou Brahim, j'ai peur moi aussi de ne jamais les revoir.

10 octobre 2001

Il commence à faire très froid. Une rumeur circule de plus en plus. Il semblerait que nous devions quitter prochainement le camp, trop exposé aux frappes américaines. Je suis étonné car le camp n'est accessible que par la route qui passe sur le barrage de Darounta. Ils peuvent nous bombarder mais il y a tant de caches, de galeries, de vallées encaissées que ces chiens ne pourront pas nous déloger.

15 octobre 2001

Les premières neiges sont tombées. C'est très tôt pour la saison. Il fait de plus en plus froid et l'hiver va être très rude. Et puis le moral est en baisse. L'émir nous a réunis. Il nous a expliqué que nous allions quitter le camp pour rejoindre les montagnes de Tora Bora. Là-bas, nous serons plus à l'abri. Et puis le Lion de l'islam s'y trouve et nous allons avoir ainsi l'honneur de combattre à ses côtés. Nous étions tous galvanisés à cette idée et nous avons scandé « Allah Akbar » pendant une bonne minute avant que notre émir ne reprenne la parole. Il nous a remerciés et nous a assurés de la victoire, même si la bataille promet d'être rude et que beaucoup d'entre nous rejoindront sans doute le Firdaws. Il nous a beaucoup surpris quand il a appelé ceux qui souhaitaient retourner chez eux à le faire sans peur. Personne n'a bougé. J'ai regardé Abou Brahim. J'ai vu qu'il hésitait mais il est resté dans les rangs. Ça m'a rappelé un film sur la bataille d'Alamo que j'ai vu quand j'étais petit. Abou Fares était de mauvaise humeur. Il trouve stupide d'aller dans la montagne avec le froid qu'il fait.

Demain, nous quittons le camp. Il paraît que les frappes américaines ont commencé, je ne sais pas où. Nous n'avons pas d'informations fiables.

20 octobre 2001

Je suis quelque part à Jalalabad. Je ne sais pas où exactement. Nous sommes dans une maison mais on nous interdit de sortir. De mon groupe, nous ne sommes que quinze. Heureusement, Abou Fares et Abou Brahim sont avec moi. J'ai peur mais j'ai confiance en Allah.

10 novembre 2001

Je ne comprends pas. Nous n'avons aucune information. On nous interdit toujours de quitter la maison et l'attente devient insupportable. Abou Fares se dispute avec tout de monde. Je n'ai même plus le courage de le calmer. L'émir nous avait dit que nous devions aller à Tora Bora mais nous restons là à ne rien faire.

1er décembre 2001

Nous sommes arrivés à Tora Bora en fin de journée… enfin ! C'est une délivrance. Dieu en soit loué. Il y a un nombre incroyable de moudjahidin, au moins mille. D'après ce que j'ai compris, les effectifs de plusieurs camps d'entraînement ont été conduits ici et certains de nos frères ont déjà essuyé les frappes américaines. Il y a aussi des taliban qui se sont joints à nous. Ils appellent Tora Bora le Spin Ghar[1]. Je ne sais pas ce que ça veut dire mais c'est facile de comprendre pour quelle raison on nous a conduits ici. Tora Bora est une vraie forteresse dans la roche. Il y a des grottes partout, des tunnels qui les relient, des stocks d'armes et de nourriture. À part ça, il n'y a rien, ni matelas, ni chauffage, ni électricité ou très peu. Nous sommes confiants, mais nous avons très froid. Dans ces grottes, il est presque impossible de faire du feu. La fumée s'évacue très mal. En tout cas, nous sommes à l'abri de la neige et des bombes. Abou Fares m'a montré un garde personnel de notre Cheikh. Si sa garde personnelle est à Tora Bora, il doit y être aussi.

2 décembre 2001

J'ai passé ma première nuit dans une grotte. J'ai eu du mal à trouver le sommeil. Nous sommes une bonne vingtaine et les parois amplifient les ronflements. Au moins, je n'ai pas eu trop froid. Au matin, un émir dont je n'ai pas compris le nom mais qui est un proche de notre Cheikh bien-

1. « Spin Ghar » veut dire « poussière blanche ». Il s'agit de la neige.

aimé nous a expliqué comment aller se dérouler la bataille. Pendant les bombardements, nous resterons pour la plupart à l'abri dans les grottes. Il faudra cependant en permanence deux cents moudjahidin à l'extérieur répartis sur sept positions différentes, pour stopper la progression des troupes à pied. Dès que l'effectif à l'extérieur tombera en dessous de deux cents, les responsables de poste viendront chercher des effectifs à l'intérieur des grottes, et ainsi de suite. Seuls les responsables de groupe décideront qui reste dans la grotte et qui sort. Il ne sera permis aucune contestation dans un sens ou dans un autre.

7 décembre 2001
Dieu a acheté aux croyants
leurs personnes et leurs biens
pour leur donner le Paradis en échange.
Ils combattent dans le chemin de Dieu :
ils tuent et ils sont tués.
C'est une promesse faite en toute vérité
dans la Torah, l'Évangile et le Coran.
(Sourate de l'Immunité-verset 111)

La coalition va frapper d'un moment à l'autre. Les troupes de la ligue du Nord... que l'âme de Massoud pourrisse en enfer... se sont déplacées en direction de Tora Bora. Des seigneurs locaux vendus aux Américains ont fait pareil. Dans le ciel, nous avons vu un hélicoptère à plusieurs reprises. Un moudjahed que je ne connais pas est sorti d'une grotte en face de la nôtre avec un tube lance-missile. Abou Brahim m'a dit que c'était un missile sol-air, un Stinger américain. Le frère a raté sa cible mais l'hélicoptère n'est pas revenu. Plus tard, nous avons entendu des bruits de réacteurs dans le ciel mais nous n'avons rien vu. Le plafond était trop bas.

9 décembre 2001

L'une de nos grottes a été attaquée en pleine nuit. Pendant deux heures, nous avons entendu les bombardements puis les crépitements des armes automatiques. Je ne sais rien de plus. Il fait nuit et personne ne sait où est l'ennemi. J'ai cru le voir partout, pendant mes deux heures de garde.

10 décembre 2001

Je n'étais pas de garde mais j'ai entendu le bruit des bombes dehors. Je suis inquiet pour Abou Fares qui est de garde.

11 et 12 décembre 2001

Abou Fares m'a raconté ce matin. Le ciel était rouge en pleine nuit. Plusieurs frères sont morts mais ils n'ont rien vu. Il est impossible de se battre. On ne voit pas l'ennemi. En fin de journée, j'ai cru que c'était la fin du monde. Il y a eu un bruit sourd et une chaleur insupportable dans notre grotte. J'étais tout au fond, près de la rivière souterraine. J'ai été projeté dans l'eau. Quand je suis revenu à la surface, il y avait de la poussière partout. Je crois qu'Abou Fares est mort, je n'ai pas reconnu son corps, mais j'ai reconnu son sac à côté d'un corps. J'avais du mal à respirer et je suis sorti de la grotte. Dehors, j'ai rejoint Abou Brahim. Il m'a dit qu'une bombe avait réussi à pénétrer dans la roche et que de nombreux frères étaient morts. Il n'avait pas vu Abou Fares et il pensait comme moi qu'il était devenu un martyr. La nuit était redevenue calme. Nous sommes restés là, blottis l'un contre l'autre en espérant que le jour se lève tout de même. Le jour s'est levé. Il ne s'est rien passé. Il n'y avait plus de bombardements, plus de tirs, plus rien. On s'est mis à chercher un chef pour nous dire ce qu'il fallait faire. Vers 10 heures, la rumeur a commencé à circuler. Notre Cheikh bien-aimé était parti. Il y avait une trêve. On ne comprenait pas pourquoi. J'ai pris mon sac et j'ai décidé de m'en aller. Je serais resté si un émir m'avait expliqué ce que l'on attendait de nous maintenant que le Cheikh était parti. Abou Brahim m'a dit qu'il voulait venir avec moi. Il a pris son sac et nous sommes partis tous les deux, dans la neige. Nous étions en plein jour et le ciel était bleu. Pourtant personne ne nous a tiré dessus. Nous n'avons vu aucun soldat ennemi. Nous avons marché pendant six ou sept heures. On s'enfonçait parfois dans la neige jusqu'à la taille. Abou Brahim était épuisé. Moi, je ne sais même pas si j'étais épuisé. Je ne savais pas où nous allions. Avant la nuit tombée, j'ai cherché une grotte pour nous abriter. Par la grâce de Dieu, j'en ai trouvé une bien protégée. À l'intérieur, il y avait du bois. J'ai porté le bois devant l'entrée et j'ai allumé un feu. Abou Brahim ne parlait presque pas. J'ai pris mon cahier et je suis en train d'écrire. Je ne sais pas si quelqu'un le lira mais ça me fait du bien de raconter tout ça.

13 décembre 2001

J'ai dormi d'un sommeil lourd près du feu. Quand je me suis réveillé, Abou Brahim était mort. Il était mort de froid, je crois. C'est ma faute. Abou Brahim était affaibli et j'aurais dû rester éveillé pour alimenter le feu. Mais je me suis endormi. Le froid est insupportable. Il y a de la neige partout. Je ne sais pas s'il faut que je reste mourir là, ou que j'essaye d'aller plus loin. Je ne sais pas quoi faire du corps d'Abou Brahim. Le sol est gelé et la seule chose que je me sente capable de faire est de le recouvrir de neige.

14 décembre 2001
Oh Ar-Rahim, Dieu de Miséricorde, accueille mon frère Abou Brahim au Firdaws et accorde-lui les récompenses promises au Shahid.

Hier, avant la nuit, j'ai recouvert de neige le corps d'Abou Brahim en disant des sourates. J'ai pensé à sa femme et à son fils. Comme je vais mourir aussi, personne ne pourra leur dire ce qu'il est devenu avant la fonte des neiges. Ensuite, j'ai fait du feu pour me réchauffer. Je ne suis pas parti. Ça ne sert à rien. Je suis resté près du feu. C'était un grand réconfort. À quelque kilomètres de là, pas très loin, des bombes explosaient. Dès que la nuit est tombée, j'ai vu des lueurs partout au-dessus de Tora Bora. Ça continue depuis deux heures. Le ciel est si clair que j'arrive à écrire. J'espère que le Cheikh est vraiment parti. Il fallait qu'il le fasse pour continuer le Jihad. Seulement, je ne vois pas comment il a pu s'échapper avec toute sa garde. Nous étions totalement cernés. Cela dit, je suis bien là, et Abou Brahim sous la neige est également là. C'est bien la preuve qu'il était possible de sortir de cet enfer.

15 décembre 2001

Au nom d'Allah, le Dieu absolu révélé. Toute louange lui revient, notre Seigneur et Protecteur, et que la paix et la miséricorde soient sur son dernier Prophète.

La seule chose que j'ai encore le courage de faire, c'est de continuer mon journal. J'ai toujours écrit mon journal. J'ai dû commencer quand j'avais dix ans. Ça m'aide à réfléchir. Dans mon journal, il y a toute mon histoire, tout ce qui m'a conduit jusqu'ici. Je ne me suis jamais senti français et ma famille non plus. Je n'avais que onze ans lors du coup d'État militaire en Algérie, mais je me souviens très bien de l'arrivée de mon oncle en France. Il avait fui l'Algérie parce qu'il était membre du Front islamique du Salut. Il m'a raconté ce qui se passait en Algérie et il m'a dit que la France aidait le régime algérien. Il m'a parlé du Jihad, de la grandeur de l'islam et j'ai su qu'un jour je serais digne de lui. Mais maintenant il faudrait que je me bouge. Je n'ai plus de bois et il y a de la neige partout. Je ne sais pas où chercher. Tout est blanc.

Pourquoi les femmes s'en vont en guerre ?

C'était assez compliqué sans qu'elles s'en mêlent. Nous avions des jihadistes masculins de toutes les couleurs et de toutes les origines, et même de plus en plus d'enfants terroristes. Il ne manquait plus que des femmes pour compléter le tableau. Lors de mes débuts au parquet antiterroriste, en 2000, nous ne trouvions aucune femme dans nos dossiers. La campagne d'attentats de 1995 s'était faite sans l'appui du « sexe faible ». Les premières cellules d'Al Qaida s'étaient constituées de la façon la plus machiste qui soit. Les seules burqas auxquelles nous nous intéressions étaient celles des rares femmes qui avaient accepté de suivre leur mari en Afghanistan pour faire le ménage et la cuisine pendant qu'ils s'entraînaient avec leurs petits camarades dans un camp de la centrale terroriste. Il y eut cependant à cette époque, en 2001 et 2002, les prémices d'un grand bouleversement. Les épouses de nos clients étaient systématiquement entendues par les policiers antiterroristes. Nous espérions qu'elles nous apprendraient des choses intéressantes. Elles étaient des témoins privilégiés du parcours de leurs époux, de leurs rencontres et peut-être de leurs projets. Or les auditions de certaines épouses faisaient froid dans le dos. Des femmes comme Sylvie Beghal et Malika El Aroud[1] étaient au moins aussi déterminées que leur mari à voir triompher l'islam. Nous nous passions leurs auditions pour les lire et les relire. Il fallait se pincer pour y croire. Nous nous y attendions si peu, au début. Pour nous, comme pour la population occidentale en général, une femme musulmane ne pouvait pas verser dans l'intégrisme. Elle pouvait en avoir les apparences et même porter la burqa, mais au fond d'elle, pensions-nous, elle ne pouvait qu'aspirer à mieux. Après tout, elle était censée être une victime. Comment imaginer qu'une femme puisse soutenir une version de l'islam qui avait pour résultat de la cloîtrer, de l'empêcher de travailler, d'avoir des contacts sociaux normaux, qui lui interdisait d'aller à la plage ou à la piscine, d'écouter de la musique, de danser, de sortir librement sans être accompagnée d'un homme de la famille, de faire cette multitude de choses tout à fait

1. Malika El Aroud est suffisamment présentée dans le corps du livre. Sylvie Beghal est la femme de Djamel Beghal. En 2000, Djamel Beghal est parti avec sa famille en Afghanistan. En juillet 2001, il est arrêté à Dubaï puis extradé en France. Le 25 mars 2005, il a été condamné à dix ans d'emprisonnement pour des projets d'attentats terroristes sur le sol français.

ordinaires dans une société moderne ? Mais c'était là notre vision d'Occidentaux. Et cette vision commençait à s'effriter. Non seulement de plus en plus de femmes revendiquaient leur soumission totale à Dieu, acceptant par la même occasion une soumission totale à leur mari, puisqu'il s'agissait d'une prescription coranique, mais en outre cette tendance ne touchait pas que les femmes musulmanes d'origine. De nombreuses jeunes femmes françaises se convertissaient à l'islam et pratiquaient celui-ci sous sa version la plus rigoriste. À quoi cela avait-il servi de leur avoir donné le droit de vote, la mini-jupe, la pilule et le droit à l'avortement, l'accès aux études, au marché du travail, des droits de succession et des droits sur leurs enfants égaux à ceux de leur époux, si c'était pour en arriver là ? Encore plus que pour les hommes, ce refus par certaines femmes de la modernité occidentale était déconcertant. Car il nous apparaissait évidemment plus naturel d'être un salafiste qu'une salafiste. Qu'un homme veuille revenir à l'islam des Salafs n'avait somme toute rien d'aberrant. C'était rétrograde mais logique, voire tout bénéfice. C'était comme revenir à l'époque où le code civil français parlait encore de puissance maritale et d'autorité paternelle. Il n'y a pas si longtemps que cela, en France, l'homme avait tout pouvoir sur ses enfants et sur sa femme, sans même avoir à se convertir à la religion musulmane. Certes, nous n'avions droit qu'à une épouse officielle, mais il y avait les officieuses ! À quelques détails près, la sourate IV-34 était inscrite dans notre loi civile : « Les hommes ont autorité sur les femmes… » Dans ces conditions, il était difficile pour nous de concevoir l'intérêt qu'une femme pouvait avoir à se mettre volontairement sous l'autorité de l'islam en général et de son mari en particulier.

Mais nous raisonnions en capitalistes athées. Pourquoi toujours vouloir qu'une action soit guidée par un intérêt propre ? Une action qui n'en présente pas nous paraît forcément suspecte, étrange. En réalité, l'islam exige une soumission totale à Dieu. Cette soumission ne comporte la recherche d'aucun intérêt dans ce bas monde. Elle est la condition, en revanche, de la récompense ultime, l'accès au paradis. La Bible ne diffère pas tant que cela du Coran sur ce point fondamental. Pour une femme musulmane, la soumission à son mari n'est que la manifestation de sa soumission à Dieu. Évidemment, ça fait rêver quelque peu. Ce phénomène de radicalisation de femmes vivant pourtant au pays de la laïcité, aussi déconcertant soit-il, ne s'était, au cours des années 1990 et au début des années 2000, concrétisé par rien de tangible sur le terrain du terrorisme. Qu'une femme suive son mari en Afghanistan : et alors ! Notre code civil aussi a longtemps obligé la femme à suivre son mari puisque celui-ci fixait le lieu du domicile conjugal. Que dans certains cas elle le pousse à s'engager plus énergiquement dans la voie du Jihad : sans aucun doute. Mais c'était dans le secret de la chambre à coucher, dans l'intimité. Les femmes ne sortaient pas de leur rôle de soutien de leur mari dans la sphère privée. Elles n'assumaient aucun rôle public en faveur du Jihad. Elles étaient cloîtrées dans le rôle traditionnel de la femme musulmane au foyer. Les feux de la rampe jihadiste n'étaient pas pour elles.

Le rôle inexistant ou en tout cas très secondaire de la femme musulmane sur le terrain jihadiste paraissait d'autant plus évident que, dans l'histoire du terrorisme, la femme avait au contraire joué un rôle important. Le groupe terroriste basque ETA, par exemple, a été en pointe dans le respect de la parité hommes/femmes. Les groupes d'extrême gauche ou anarchistes n'étaient pas en reste. L'exemple du groupe Action Directe est assez significatif, et l'on pourrait multiplier les exemples de femmes particulièrement motivées au sein de la bande à Baader, de la Fraction armée rouge ou des Brigades rouges. De l'autre côté de l'Atlantique, il y eut l'exemple célèbre de la jeune, belle et riche Californienne Patty Hearst. Élevée avec une petite cuillère en argent dans la bouche, elle devint membre du groupe terroriste d'extrême gauche qui l'avait enlevée. Les groupes terroristes palestiniens avaient aussi leurs stars féminines. C'était à la grande époque, avant que le Hamas ne vienne islamiser leur action. Il y avait encore un souffle hollywoodien dans le terrorisme international, des Greta Garbo de l'action violente qui donnaient envie de s'engager à leurs côtés, des femmes terroristes passionnées, sexy et même pas voilées. C'eût été dommage dans le cas de la superbe Leila Kahled qui, en 1969, avec un aplomb remarquable, détourna entre autres un avion pour le compte du Front populaire de libération de la Palestine et demanda au pilote de survoler sa ville natale d'Haïfa. Sohaïla Andrawes Sayeh, membre du FPLP Opérations spéciales, montra de même une détermination sans faille lors du détournement, en octobre 1977, d'un avion de la Lufthansa qui reliait Palma de Majorque à Francfort. Après une escale à Aden, puis à Rome, le commando fut finalement neutralisé par les services antiterroristes allemands du GSG 9 à Mogadiscio (Somalie). Trois des quatre terroristes furent abattus au cours de l'assaut. La seule survivante, Sohaïla Sayeh, évacuée sur un brancard, fut photographiée alors que, le regard en feu, elle faisait le signe de la victoire.

Il y a malheureusement peu de chances que le terrorisme islamiste nous fabrique de sitôt de pareilles égéries. Pourtant, d'une manière moins spectaculaire, les femmes sont revenues en force sur la scène terroriste depuis 2003 à la faveur de l'explosion des sites islamistes, mais aussi des guerres en Tchétchénie et en Irak.

Dans un premier temps, le web a permis la libération de la femme musulmane intégriste. Cet outil de communication est un espace de liberté et d'émancipation irremplaçable pour les femmes salafistes. Il n'est nul besoin de porter la burqa sur Internet. Chacun peut aller librement sur les forums de discussion ou même sur les messageries privées. Sur le net, les femmes peuvent parler de l'islam, de leurs pratiques religieuses, des questions qu'elles se posent sur l'éducation des enfants, sur la façon de se comporter dans la société civile, de leurs aspirations à l'Hijra. Elles peuvent en parler, parfois même avec des hommes, et elles ne s'en privent pas. Quand un homme vient à la maison, elles doivent rester dans une autre pièce que lui, tandis que sur Internet elles font « room » commune. Certes, les musulmans les plus extrémistes estiment que même là les discussions entre les deux sexes sont proscrites, mais d'une manière générale, y compris parmi les personnes que nous surveillons, il existe une grande tolérance pour ces rencontres virtuelles, à condition bien évidemment que les discussions portent sur des sujets de religion. Cependant, puisque l'islam définit les règles de comportement dans la sphère privée, ces discussions créent une véritable intimité. Sur la toile, il est permis de faire ce que jamais une femme ne ferait avec un homme. C'est ainsi que l'homme et la femme sondent mutuellement leur âme et leur cœur, cherchent légitimement à découvrir leur conception de l'islam. Internet est devenu pour les internautes musulmans un forum de mariage extraordinaire. Beaucoup de musulmans très pratiquants se sont rencontrés sur le web avant de convoler en justes noces, sans la lourdeur des rencontres officielles telles que les codifie la pratique religieuse.

L'utilisation de l'agence matrimoniale Internet a, entre autres, bénéficié à nos candidats pour le Jihad. Il peut paraître étonnant que les jeunes musulmans qui aspirent à se faire tuer sur une terre de Jihad tiennent pour la plupart à se marier avant. Pourquoi épouser quelqu'un si l'on a décidé de mourir en martyr ? Et pourquoi, qui plus est, faire des enfants ?

Certes, parce que, pour être un musulman accompli, il faut avoir passé certaines étapes, en calquant sa vie le plus possible sur celle du Prophète et donc, notamment, avoir construit une famille. Ensuite, le sacrifice n'en devient que plus grand. Le Shahid renonce ainsi au bonheur familial pour donner sa vie à Allah. Mais nos jeunes jihadistes sont très impatients. Il leur faut trouver l'âme sœur puis la mettre enceinte le plus vite possible afin de pouvoir enfin partir faire le Jihad. Cette impatience est satisfaite par l'outil du web et par la facilité avec laquelle il est possible de se marier religieusement.

Ce comportement dépasse les praticiens laïcs antiterroristes que nous sommes. Nous trouvons cela absurde et irresponsable. Manifestement, les jeunes épouses ne voient pas les choses sous cet angle. Elles se retrouvent effectivement veuves, sans autres ressources que l'aide familiale ou les allocations, mais elles admirent néanmoins leur martyr de mari qui les a mises dans cette situation précaire. Le plus souvent, elles savaient exactement à quoi s'en tenir.

Sans doute le désir de se marier des Jihadistes n'est pas indifférent au besoin de trouver un soutien moral. Depuis les origines de l'humanité, l'homme redouble de courage quand il agit sous le regard de la femme. Il est capable de faire à peu près tout – et surtout n'importe quoi – pour lui plaire et se montrer à ses yeux tel qu'il aimerait être. Que la femme soit parfois un parfait « pousse au crime » est une évidence. Shakespeare l'avait magnifiquement décrit dans *Macbeth*.

Certaines femmes bien connues dans l'univers du Jihad international semblent, pour le moins, n'avoir rien fait pour retenir leurs époux partis sur le chemin de la caravane ou, pour emprunter le terme utilisé par Malika El Aroud, sur les sentiers des « soldats de lumière ». Comme, par la force des choses, elles deviennent rapidement veuves, la presse internationale a pris l'habitude de les appeler les « veuves noires d'Al Qaida », si bien que lorsque ce terme est utilisé, on ne sait plus de qui on parle. Le terme a évidemment été utilisé pour Malika El Aroud dont le premier mari, Abdessatar Dahmane, a trouvé la mort en assassinant le commandant Massoud et dont le second mari, Moez Garsallaoui, est parti lui aussi faire le Jihad au Waziristan. Il a été utilisé également à profusion pour Fatiha Mejjati, veuve d'un Franco-Marocain du nom de Karim Mejjati abattu en 2005 en Arabie saoudite. Si les médias se sont intéressés en particulier à ces deux femmes, c'est en raison de leur implication publique en faveur du Jihad. Elles ont symbolisé le modèle de la nouvelle femme radicale, toute de noire vêtue, mais à la langue bien pendue – celle qui s'engage publiquement dans la lutte et ne se contente plus du rôle traditionnel de la femme au foyer. Fatiha Mejjati avait ainsi fait un buzz en France en accordant, en 2007 et 2008, des interviews explosives. Ce fut le journal *Le Parisien* qui bénéficia apparemment de la primeur des propos sulfureux d'une femme dont le défunt mari était, soit dit en passant, suspecté d'avoir joué un rôle important dans la préparation des attentats de Casablanca en 2003 (45 morts) et de Madrid en 2004 (195 morts). Fatiha Mejjati y menaça la France sans nuances. Nous étions « une cible prioritaire ». Nous allions être bientôt « punis » de notre « allégeance à l'Amérique ».

L'intervention publique de Fatiha Mejjati, pour aussi inhabituelle qu'elle fût, n'était qu'une goutte d'eau au regard de l'activisme effréné de Malika El Aroud. Auteur du livre *Les Soldats de lumière*, qui glorifiait les moudjahidin afghans, elle devint très active sur Internet après avoir épousé Moez Garsallaoui. Tous d'eux animèrent le site Minbar SOS, tout d'abord en Suisse où ils furent condamnés pour leur activisme sur la toile, puis en Belgique, où ils reproduisirent exactement la même chose. Malika El Aroud devint, à la faveur de ses interventions sur les forums de discussion, un modèle pour les jeunes femmes internautes. Avec Malika El Aroud, elles découvrirent qu'elles n'étaient pas condamnées à faire la cuisine pour leurs époux salafistes ni à s'occuper des enfants jusqu'à la victoire de l'islam sur les troupes impies. Elles pouvaient elles aussi participer activement au Jihad. Certes, elles n'envisageaient pas de faire le Jihad armé, de ramper en burqa ou en niqab sous le feu de l'ennemi, de tirer à la kalash sur les troupes de la coalition. Nous n'en étions pas là et nous n'en sommes toujours pas là. Elles pouvaient cependant participer efficacement au Jihad médiatique. Derrière le clavier de leur ordinateur, armées d'une souris, elles devenaient les égales des hommes. Peut-être même étaient-elles, sur ce terrain virtuel, plus disponibles et passionnées que les moudjahidin. Malika El Aroud n'avait-elle pas déclaré, lors d'une interview accordée en mai 2008 au journal international *Herald Tribune* : « Mon arme, c'est l'écriture. C'est mon Jihad. Vous pouvez faire beaucoup avec les mots. Écrire est aussi une bombe. »

Et Malika El Aroud fit des émules. Elle avait été l'une des premières administratrices d'un site islamiste et d'autres femmes suivirent son exemple. Plusieurs devinrent très actives en qualité de simples membres, de modératrices ou de traductrices. Toutes étaient fascinées par l'idée que poster un texte de propagande sur Internet pouvait être aussi efficace que de poser une bombe. Et elles furent très efficaces. Les femmes ont en effet un rapport à la passion, y compris religieuse, très puissant : elles ne font pas les choses à moitié. Ce qu'elles font, elles le font avec rigueur, ténacité, volonté et quand la passion est perçue comme un devoir, le cocktail devient explosif. Les femmes excellent donc dans le Jihad médiatique. Or les sites islamistes ne se résument pas à la simple propagande. Ils permettent également de recruter des volontaires pour le Jihad, de récolter des fonds, de communiquer les codes permettant de les retirer dans une agence Western Union ou dans un commerce pratiquant la Hawala*, de lancer des messages opérationnels par un système de messagerie privée et bien souvent cryptée, de maintenir des contacts entre les membres du groupe partis sur zone et ceux restés en

Europe, de fournir les informations nécessaires pour la prise en charge, en toute sécurité, des nouvelles recrues qui arrivent sur place. Toutes ses activités, dont l'importance est évidente, se sont ouvertes aux femmes par la grâce d'Internet. Elles ont ainsi pu devenir des membres actifs des groupes terroristes islamistes, partout où elles se trouvaient, en restant dans leur pays et même à domicile, dans le strict respect des lois islamiques.

Une seconde étape essentielle vers l'égalité des sexes dans le Jihad fut franchie simultanément à l'explosion du Jihad virtuel. Les femmes ne se contentèrent plus de rester derrière leur clavier. Elles voulurent de l'action. Elles aspirèrent à devenir Shahid comme les hommes. Les groupes de la mouvance Al Qaida, très conservateurs pour tout ce qui concerne le statut des femmes, n'auraient cependant jamais accepté leur arrivée sur le terrain s'il n'y avait eu un besoin urgent de troupes fraîches. À la différence des activités terroristes limitées menées par Al Qaida jusqu'en 2001, les conflits en Tchétchénie et en Irak furent très coûteux en effectifs. Il n'était pas possible de refuser l'aide de celles qu'on appellera pour l'occasion les « Mujahidaat ». Il était, et il reste, hors de question de mélanger des femmes aux hommes sur le champ de bataille. Les femmes étaient à la rigueur bonnes pour des opérations kamikazes et rien de plus. Le tir à la kalash dans les batailles rangées restait l'affaire exclusive des hommes.

Même si l'utilisation de femmes comme bombes humaines était un « progrès » sensible pour la cause féministe jihadiste, nous étions encore loin de l'égalité des sexes. Il y a fort à parier que nous n'y arriverons jamais. Contrairement à la composition du gouvernement de Jean-Marc Ayrault, les groupes islamistes n'ont jamais fait aucun effort sérieux pour tendre vers un semblant de parité. La Choura[1] d'Al Qaida et de la totalité des groupes salafistes ne comprend aucune femme. Même l'utilisation de celles-ci à des fins kamikazes s'est tout d'abord heurtée à de grandes réticences, en particulier en Irak. Certains membres de la Choura du groupe Al Zarqaoui voyaient d'un mauvais œil cette libération de la femme, même par explosion. Une femme devait rester au foyer, un point c'est tout. Le ventre d'une femme était fait pour porter les enfants des moudjahidin et non une ceinture d'explosifs. D'ailleurs, si le Coran prévoyait 72 houries* pour le moudjahed mort en martyr, rien n'était prévu pour les mujahidaat. Ces quelques réticences n'entravèrent pas la marche du progrès ni l'émancipation de la femme salafiste. La nécessité faisait loi. Il fallait de la chair à canon. De plus, les Occidentaux réagissaient avec beaucoup d'émotions au phénomène des femmes kamikazes. Si même elles étaient prêtes à se faire exploser, c'est que leur cause devait être juste. Le Hamas, à la même époque, se mit également à utiliser des femmes kamikazes sur une grande

1. Choura : le conseil consultatif.

échelle. Les soldats israéliens, tout au moins au début, se méfiaient moins d'elles. Elles passaient plus facilement les barrages. Il en fut de même avec les femmes tchétchènes qui furent utilisées sans aucune modération par les valeureux moudjahidin. En Irak, la mort en novembre 2005, dans un attentat kamikaze, de Muriel Degauque, jeune femme belge au teint pâle et aux cheveux blonds, fit couler plus d'encre que de sang. Un homme qui mourait dans un attentat kamikaze était devenu une chose tellement habituelle que plus personne n'y prêtait attention, mais une jeune et jolie convertie, belge de surcroît, qui avait assez de tripes pour les éparpiller, c'était tout autre chose ! Si maintenant l'envie de mourir en martyr prenait les boulangères de la région de Charleroi, nous avions du souci à nous faire. Le gain médiatique de l'utilisation de femmes était donc évident pour Al Qaida et fit taire les quelques grincheux traditionalistes. Du reste, des arguments dogmatiques en béton existaient bel et bien pour permettre la participation de femmes au Jihad armé. En 2009, dans une lettre à ses « sœurs dans le droit chemin » diffusée sur plusieurs sites islamistes, la femme d'Al Zawahiri exposa ainsi les références, dans la vie du Prophète, légitimant la participation au Jihad de la gent féminine. Elle donna en particulier l'exemple de Sayyidah Umm Ammarah qui combattit comme un homme lors de la bataille d'Uhud en 625 et de la bataille de Yamamah en 633 : « Elle fut blessée à douze reprises à Uhud en défendant le Prophète et elle perdit une main le jour de Yamamah. » Nusaybah Bint Ka'b alias Umm Ammarah ne fut pas la seule femme active sur le champ de bataille d'Uhud. Fatima, fille du Prophète, et plusieurs de ses amies s'employèrent à soigner les blessés mais, quand les troupes musulmanes en déroute se replièrent, Umm Ammarah jeta son seau d'eau pour se saisir d'un bouclier et d'une lance. Mohammed était alors encerclé et elle vint à son secours. Elle fut blessée douze fois ce jour-là et le Prophète, à la fin d'une bataille perdue, dit à ses compagnons qu'Umm Ammarah avait témoigné autant de courage qu'eux tous réunis.

L'épouse du Cheikh Ayman Al Zawahiri aurait tout aussi bien pu citer l'exemple de la plus jeune femme du Prophète, Aisha. Elle était la fille d'Abou Bakr, l'« ami intime » de Mohammed, et épousa ce dernier à l'âge de six ans. Elle n'avait que dix-huit ans à la mort du Prophète mais ne prit pas d'autre mari. Après l'assassinat du troisième calife, en 656, Aisha participa à la bataille dite du « Chameau » contre les troupes d'Ali. Ce fut une défaite mais elle montra le courage dont les femmes sont capables au combat. Quand elle vit que les partisans de Mu'âwiya battaient en retraite, elle s'avança en première ligne sur son chameau. Sa litière fut bientôt percée de toutes parts par des pluies de javelots et de flèches. Aucun projectile, cependant, ne la traversa. Mais Ali ordonna que l'on coupât les jarrets du dromadaire d'Aisha, si bien que le valeureux animal s'effondra. Ali, clément, laissa la vie sauve à celle qui fut la dernière favorite du Prophète. L'histoire ne dit pas ce qu'il est advenu du dromadaire.

Alors que la femme du docteur Al Zawahiri rappelait que le Jihad n'était pas réservé aux hommes, le nombre de femmes qui avaient sacrifié leur vie dans des « opérations martyres » était devenu impressionnant. La mode était aux femmes kamikazes, que ce soit en Palestine, en Ouzbékistan, en Égypte, en Irak ou en Tchétchénie. Cette mode, timidement débutée en 2003, avait balayé toutes les arguties des vieux mâles salafistes. Plus rien ne s'opposait à la chevauchée fantastique et éphémère des amazones du Jihad. Oui, mais qui allait garder les enfants ? Comme il n'existait aucune réponse satisfaisante, à moins d'admettre que les moudjahidin puissent se transformer en hommes au foyer pendant que leurs femmes se feraient exploser, le martyre fut refusé aux mamans. Seules les femmes sans enfants étaient admises à sacrifier leur vie. La candidate idéale était celle qui, soit n'avait eu ni mari ni progéniture, soit avait perdu l'un et l'autre sous les bombardements israéliens, américains ou russes. La kamikaze idéale était donc celle qui n'avait plus rien à perdre, ayant déjà tout perdu. On en trouvait beaucoup en Tchétchénie.

Mais, bien que les femmes aient manifestement gagné leurs lettres de noblesse sur le terrain, le plus dur reste à faire. La lettre de l'épouse du docteur Al Zawahiri en témoigne, même si elle prend soin de féliciter ses sœurs shahids : « De nombreuses questions ont été soulevées sur le rôle des femmes musulmanes dans le Jihad actuel et je dis, conformément à la loi divine, que le Jihad est une obligation personnelle qui pèse sur chaque musulman, homme ou femme. Mais la façon de combattre n'est pas aisée pour une femme musulmane puisqu'elle doit être accompagnée d'un Mahram[1] dans tous ses déplacements. Cependant, nous pouvons agir pour notre religion de différentes façons et devrions garder nos forces aux services des moudjahidin en accomplissant tout ce qu'ils nous demandent d'accomplir, que ce soit en les aidant financièrement ou en leur rendant n'importe quel autre service, en transmettant des informations ou des suggestions, en participant au combat ou même à une opération martyre. Combien de sœurs ont participé à de telles opérations martyres en Palestine, en Irak, en Tchétchénie et ont humilié ainsi l'ennemi en leur causant une grande défaite ! Nous demandons à Allah d'accepter de les accepter et de nous permettre de suivre leur exemple bénéfique. Mais notre rôle normal, dont nous espérons qu'Allah l'accepte, est de protéger les moudajhidin en protégeant leurs enfants et leurs maisons et en gardant leurs secrets, et de les aider en éduquant convenablement leurs enfants. »

1. Il s'agit d'une personne avec laquelle il est interdit de se marier. Par extension, il s'agit d'une personne devant laquelle il est autorisé de se dévoiler sans risque et qui est chargée de vous accompagner dans le monde hostile. La liste de ces chaperons est assez précise. Elle comprend les membres de la famille, y compris par alliance. Il n'est donc pas évident d'aller faire le Jihad pour une femme si elle doit être ainsi accompagnée.

Les histoires d'amour finissent mal... en général

Assya avait passé des vacances épouvantables au Bled. Elle s'était fait une joie de partir en Algérie, d'y retrouver sa grand-mère, ses oncles et tantes, et bien sûr ses cousines. Il fallait à tout prix qu'elle prenne un peu d'oxygène dans un pays musulman. La France lui était devenue insupportable ces derniers temps. Au moment même où elle avait franchi le pas, où elle s'était enfin décidée à porter le niqab, les Français votaient une loi pour le lui interdire. Et puis c'était devenu très tendu avec ses parents. Ils ne lui reprochaient pas ouvertement de porter le niqab ou de ne plus sortir de chez elle, mais ils n'avaient pas apprécié qu'elle arrête ses études du jour au lendemain. Assya savait bien qu'en décidant de porter le niqab elle se fermait les portes du lycée. De toute façon, elle ne voulait plus y mettre les pieds. Elle avait passé une année à ôter son hijab[1] à l'entrée du bahut et à le remettre à la sortie. Ça n'avait aucun sens. En outre, elle ne pouvait pas tout faire et elle avait résolu d'approfondir sérieusement ses connaissances religieuses. Dans son souvenir, sa famille algérienne était pratiquante et elle comptait en particulier sur sa grand-mère maternelle pour aplanir les difficultés avec ses parents. Elle se souvenait d'elle comme d'une personne très pieuse. Elle avait vite déchanté. Quand sa grand-mère l'avait vue vêtue de noir de la tête aux pieds, elle lui avait jeté un regard glacial avant de lui adresser les paroles les plus dures qu'elle avait jamais entendues : « Bravo, ma fille, il ne manquait plus que ça, un corbeau dans la famille. » Assya s'était liquéfiée. Elle avait tout faux. La dernière fois qu'elle avait vu sa grand-mère, il est vrai qu'Assya ne s'intéressait pas vraiment à la religion. Sa grand-mère avait observé scrupuleusement le Ramadan et cela avait suffi pour qu'Assya la considère comme une musulmane exemplaire. En fait, deux années plus tard, ce n'est pas sa grand-mère qui avait changé mais bien elle. Comme elle ne voyait plus la pratique de l'islam de la même façon, elle ne voyait plus les gens de la même façon. Disons qu'elle voyait enfin leurs défauts. Par exemple, chez son oncle Salim dont la maison était à cent mètres de celle de sa grand-mère, les cousins et les cousines mangeaient à la même table. Sa cousine préférée,

1. Le hijab est un voile qui recouvre les cheveux mais laisse le visage découvert, contrairement au niqab.

Fatima, âgée de dix-huit ans comme elle, ne mettait aucun voile et se baladait dans le village avec les cheveux aux quatre vents. Pourtant, deux ans auparavant, Assya était certaine que sa cousine portait le hijab. Assya le lui avait d'ailleurs rappelé assez vertement. Fatima ne s'était pas vexée. Elle lui avait expliqué que ces dernières années avaient été très difficiles en Algérie, particulièrement en Kabylie, mais que depuis une bonne année la situation s'était apaisée. Comme Assya ne comprenait pas en quoi cela l'autorisait à ne pas mettre de voile, Fatima lui avait précisé que plusieurs de ses camarades avaient eu de gros problèmes avec les islamistes, précisément parce qu'elles n'en portaient pas. L'une d'elles avait failli recevoir de l'acide sur le visage mais avait tourné la tête au bon moment. Elle s'en était tirée avec une petite brûlure sur la nuque et rien de plus. Ce jour-là, Fatima avait décidé qu'elle ne porterait plus de voile dès qu'elle pourrait le faire sans danger. Assya n'avait pas insisté.

Toutes les vacances s'étaient déroulées ainsi. Personne ne semblait admettre son choix de porter le niqab. C'était pire qu'en France, à part qu'elle ne risquait pas de se prendre une contravention. Le seul point favorable, c'est qu'elle ne s'était pas disputée une seule fois avec ses parents. Sa grand-mère avait pris le relais. Elle avait agi comme si les convictions de sa petite-fille lui importaient peu. Par exemple, elle ne prenait pas la peine de la prévenir quand un homme était invité à la maison. Du coup Assya se retrouvait nez à nez avec un homme sans avoir eu le temps de mettre son niqab. Ce fut avec soulagement qu'Assya vit arriver la fin des vacances et retrouva sa chambre et surtout son ordinateur.

Depuis qu'Assya avait arrêté ses études, elle ne sortait presque plus et son ordinateur avait pris une place de plus en plus importante. Dès son retour de vacances, elle se jeta dessus, l'alluma et consulta sa messagerie avec impatience. Comme prévu, elle était pleine à craquer. Depuis qu'Assya fréquentait assidûment des sites islamiques et en particulier un forum qui traitait, dans une « room » dédiée, de tous les problèmes que les femmes peuvent rencontrer quand elles veulent pratiquer le vrai islam, elle s'était fait des amies, des jeunes femmes qui partageaient les mêmes convictions qu'elle et étaient confrontées aux mêmes problèmes. Assya n'était plus seule. Elle se rendait compte que ses amies avaient des parents moins cool que les siens. Assya aimait ses parents et devait admettre qu'ils étaient, d'un certain point de vue, exemplaires. Ils ne se permettaient pas de critiquer sa nouvelle pratique religieuse alors que ses deux principales amies internautes, Samira et Nusayba, étaient au contraire harcelées par leurs parents. Malheureusement, Assya était obligée de reconnaître que ses parents n'étaient pas de bons musulmans et cela la rendait très triste. Pour Assya, on ne pouvait pas être musulman à moitié. Son père prétendait qu'il y avait plusieurs interprétations de ce qui était permis ou non dans l'islam, mais Assya savait bien que cet argument servait d'excuses à ceux qui avaient trop peu de foi pour respecter la Charia. Elle avait surpris son père, en pleine journée, avec un verre d'eau à la main, alors qu'il prétendait faire le Ramadan ! Comme Assya aurait aimé avoir des parents qui remplissent convenablement leurs obligations religieuses, à commencer par celle de lui trouver un mari.

Ce point en particulier tracassait Assya. Elle ne voyait pas de quelle façon ses parents pourraient lui trouver un mari alors qu'ils ne cherchaient même pas. En plus, il n'y avait aucune chance que leur choix se porte sur un bon musulman. Assya était donc contrainte d'en trouver un elle-même, ce qui n'était pas son rôle. Car il lui fallait un mari à tout prix. Épouser l'islam, c'était épouser un musulman. L'un n'allait pas sans l'autre. Le niqab protégeait des regards. Un homme protégeait du monde. Ce besoin viscéral de protection, Assya l'avait ressenti vers l'âge de quinze ans, en devenant une femme. Cette métamorphose l'avait paniquée. Elle s'était mise à avoir peur de tout. Le monde des adultes lui était apparu dans son insupportable complexité. Et puis, à l'âge de seize ans, elle eut une révélation. Seul le monde occidental était compliqué. Seul le monde occidental n'offrait plus de repères. C'était lors de ses précédentes vacances en Algérie, dans ce petit village si paisible où il fallait chercher l'eau dans le puits, le village silencieux de sa grand-mère où le temps s'écoulait lentement, surtout le mois du ramadan. Sa grand-mère ne lui avait appris que les rudiments de la pratique de l'islam mais cela avait suffi à allumer la flamme dans le cœur d'Assya. Sauf qu'elle aurait dû rester dans ce village. Quand, cette année-là, elle retrouva la banlieue lilloise, elle se referma comme une huître. Elle se mit à fuir les amis, les soirées, les flirts, tout ce qui plaisait aux jeunes Occidentaux et qu'elle ne se sentait plus la force d'assumer. Elle découvrit que l'islam s'occupait d'elle. La religion rythmait sa vie. Ses journées étaient structurées par les cinq prières. L'année attendait le Ramadan et les textes des savants lui enseignaient comment se conduire face aux petits problèmes de la vie quotidienne. Sa vie de tous les jours était faite d'interdits qu'elle s'imposait comme autant de vérités. Il y avait ce qui est bien et ce qui est mal. Il y avait le Halal et le Haram. Il y avait les choses à faire et les choses à ne pas faire. La plus importante consistait à trouver un mari. Sans mari, il n'y avait pas de salut pour une femme musulmane. Puisqu'il lui était interdit d'affronter la promiscuité du monde extérieur, seul un mari pouvait subvenir aux besoins de la famille. Seul un mari pouvait affronter le Shaïtan quotidiennement pendant que la femme restait à la maison et s'occupait des enfants. Assya savait qu'elle n'avait plus sa place dans le monde occidental, qu'elle était à part, en marge, totalement inadaptée. Se marier, c'était trouver sa place.

Avant de partir en vacances, Assya avait demandé à Samira et Nusayba, l'espoir au cœur, si elles connaissaient un jeune homme honnête et pratiquant. C'est pourquoi elle était particulièrement impatiente, en ce retour d'Algérie, de lire leurs messages. Ses deux amies n'avaient hélas trouvé aucun prétendant sérieux dans leur entourage. Par contre, Samira communiquait à Assya les coordonnées d'un site islamique connu pour faciliter les rencontres prénuptiales entre musulmans. C'était un site très sérieux, précisait-elle. Les discussions devaient être en clair et plusieurs modérateurs contrôlaient leur contenu afin de s'assurer que la plus stricte décence soit respectée. Au moindre dérapage, ils pouvaient bannir du site le contrevenant. Ce contrôle étroit, malgré le manque d'intimité évidente, rassura Assya qui tremblait à l'idée de discuter mariage avec un homme.

Dès le lendemain, Assya se connecta sur le site. Son cœur battait la chamade. Elle dut en premier lieu poster une sorte de profil, comme sur Facebook, en indiquant son âge, sa nationalité, celle de ses parents, les études suivies et un bref résumé de ses pratiques religieuses. Elle préféra ne pas indiquer qu'elle portait le niqab. Elle ne tarda pas à être contactée par un premier internaute. Il s'appelait Rachid. Assya n'aimait pas ce prénom. Et puis Rachid faisait une faute d'orthographe par mot, voire deux. Après, il y eut Vincent. Assya lui demanda pour quelle raison il ne se servait pas du prénom musulman choisi lors de sa conversion. Vincent lui répondit qu'il ne s'était pas encore converti mais qu'il y pensait sérieusement. Assya fut choquée qu'un kouffar se soit permis de discuter mariage avec elle. La discussion en resta là.

Les relations furent plus poussées avec Hassan. Il était syrien et voulait emmener sa future épouse dans sa ville natale d'Alep. Assya s'était précipitée sur Google pour voir à quoi ressemblait Alep et avait trouvé que cette ville était vraiment très jolie. Surtout, même si elle ne se l'était pas avoué ouvertement, ce qu'elle désirait au plus profond d'elle, c'était faire l'Hijra, vivre dans un bon pays musulman. Et puis c'était exaltant de découvrir un nouveau pays, une nouvelle région, de nouvelles personnes, une nouvelle famille. Assya commençait à trouver Hassan très séduisant. Ce dernier, de son côté, avait très envie de se marier avec une Française convertie. Il aimait la France et expliqua à Assya que la Syrie et la France avaient des liens d'amitié et des liens culturels très anciens. À Alep, il y avait d'ailleurs beaucoup de francophones et, d'une manière générale, les Syriens aimaient beaucoup la France. Assya, cependant, était inquiète par l'évolution de la situation en Syrie, tous ces troubles dont on parlait sur Internet et même à la télé. Le régime tunisien puis le régime libyen venaient de tomber. On ne savait pas trop ce qu'il en était en Égypte depuis la chute de Moubarak mais ça commençait à s'agiter en Syrie. Hassan ne lui cacha pas que la situation devenait explosive et qu'il espérait que le régime de Bachar el Assad n'en aurait plus pour longtemps. D'ailleurs, précisa-t-il, c'est un peu pour cela qu'il voulait retourner dans son pays. Il voulait aider son peuple à se débarrasser du tyran apostat. À la suite de cette discussion, Hassan reçut un avertissement du modérateur. Il pouvait décrire la situation de son pays mais il ne devait pas pousser trop loin les discussions politiques sur la messagerie du site. Hassan expliqua à Assya qu'il avait été mis en garde par le modérateur et qu'il ne pouvait pas tout lui expliquer sur le site. Il lui demanda de lui communiquer ses coordonnées MSN afin qu'il puisse lui parler plus ouvertement. À l'idée de sortir du site et de ne plus avoir de chaperon télématique, Assya prit peur et mit un terme à ses contacts avec Hassan.

Elle le regretta rapidement car les quatre prétendants qui suivirent ne furent pas de son goût, mis à part Ahmed, un Saoudien qui avait achevé des études d'hydraulique en France et était sur le point de retourner à Jeddah. Malheureusement, Ahmed était pour la polygamie. Il avait rappelé à Assya que le Prophète avait eu, après la mort de sa première épouse Khadidja, plusieurs femmes concomitamment et que le Coran enjoignait aux musulmans de prendre plusieurs épouses. Assya, qui avait étudié la question, lui rétorqua que, selon ce même verset, le musulman qui craignait de ne pas être équitable entre toutes ses femmes devait n'en prendre qu'une seule. Ahmed revint à la charge deux jours plus tard. Il affirma à Assya qu'il avait largement les moyens financiers pour entretenir jusqu'à quatre femmes et qu'il ne voyait pas comment Assya pouvait s'opposer à une prescription coranique. Pour sa part, il voulait vivre sur le chemin d'Allah et devait par conséquent imiter le plus possible la vie du Prophète. Il acceptait à l'extrême rigueur de s'engager à ne prendre qu'une seule autre femme, mais c'était tout. Il désirait en effet épouser une femme de son pays. Assya ne répondit pas immédiatement. Elle se rendit sur un forum de discussion réservé aux femmes qu'elle appréciait particulièrement et que Samira lui avait fait connaître. Elle exposa son dilemme et, à sa grande satisfaction, la plupart des participantes à la discussion lui donnèrent raison, en particulier ses amies Samira et Nusayba. Certes, comprit-elle, le Coran exigeait que le musulman, s'il prenait plusieurs femmes, puisse subvenir à leurs besoins, mais le « traitement équitable » n'était pas qu'une histoire de gros sous. Il avait bien d'autres aspects. Le mari était censé apporter la même considération, les mêmes soins et pour tout dire la même « tendresse » à toutes ses femmes. Or sur ce point, Assya n'avait aucune garantie. Une fois en Arabie saoudite, elle serait une petite Française déboussolée et naïve qui n'aurait plus qu'à obéir et qui ne pourrait pas faire grand-chose si son époux se révélait finalement pas si équitable que ça. Certes, l'Arabie saoudite était le pays idéal pour faire l'Hijra mais l'Hijra n'était pas tout. Encore fallait-il le supporter sur le long terme. Que la femme doive obéissance à son mari était clairement inscrit dans le Coran et c'était précisément pour cela qu'Assya devait réfléchir à deux fois avant de se marier à un homme qui entendait prendre une seconde femme saoudienne. Et rien ne lui assurait qu'il n'en prendrait pas une troisième plus tard, malgré sa promesse. Assya fut particulièrement convaincue par une sœur qui s'invita à la discussion : « Assya, tu es jeune et tu as ton avenir devant toi. J'ai été mariée à un Qatari qui a épousé une femme de son pays. À partir de ce jour-là, je suis devenue transparente. Il m'avait ramenée dans son pays comme un trophée. Il s'est amusé avec moi et puis il a épousé cette femme dont j'ai appris qu'elle lui était promise depuis toujours. Je n'ai pas fait le poids. Elle était du pays. Elle avait le soutien de sa famille. Elle dirigeait les serviteurs. Finalement, mon mari m'a répudiée du jour au lendemain et je suis revenue en France. Je n'ai jamais retrouvé de mari. Ne fais pas la même erreur. Le Coran et la Sunna ne t'obligent pas à te marier avec un homme qui veut pratiquer la polygamie. »

Le lendemain, Assya fit part de sa décision à Ahmed qui fut très contrarié. Il indiqua à Assya qu'elle n'était pas une bonne musulmane et qu'il aurait de toute façon commis une erreur en l'épousant. Comment pouvait-elle considérer que le choix fait par le Prophète de la polygamie n'était pas le bon choix ? Assya n'apprécia pas du tout qu'Ahmed mette en doute la profondeur de sa foi. Jamais elle ne se permettrait de porter le moindre jugement sur la vie du Prophète. Elle était certaine que Lui avait toujours fait le bon choix, pour ses femmes comme pour le reste. Mais si le Prophète avait effectivement bien choisi, Ahmed ne pouvait pas prétendre être aussi éclairé que Lui et Assya ne voulait pas prendre le risque de cohabiter avec n'importe qui.

Après le fiasco saoudien, Assya tenta de reprendre contact avec son Syrien, mais celui-ci ne fréquentait manifestement plus le site. Ou alors il ne voulait pas lui répondre. Très déçue, elle cessa ses recherches du mari idéal pendant près d'un mois.

Et puis elle s'y remit. Elle n'avait pas beaucoup le choix. Elle devait absolument se marier et faire l'Hijra. Elle n'avait aucun avenir en France et se faisait de moins en moins à l'idée que son pays natal puisse tuer des musulmans en Afghanistan, soutenir Israël et interdire le port du niqab. Elle fréquentait de plus en plus des sites ouvertement jihadistes, à la recherche du dernier discours d'Al Zawahiri ou de la dernière vidéo montrant les atrocités commises sur les musulmans. Elle ne comprenait en revanche pas grand-chose de ce Printemps arabe. Bien sûr, elle trouvait extraordinaire que les dictateurs apostats tombent les uns après les autres et se demandait si Hassan était parti là-bas, s'il avait finalement pris les armes contre le régime de Bachar. Ce qu'elle ne comprenait pas, en revanche, c'était l'attitude de la France. Elle était persuadée que la France était une fidèle alliée des régimes apostats et voilà qu'elle se rangeait maintenant du côté des islamistes. Elle aurait dû s'en réjouir mais cette attitude lui posait un problème. Elle aurait préféré que tout soit blanc d'un côté, noir de l'autre. Il lui paraissait plus simple que la France soutienne systématiquement le Shaïtan. Elle savait bien que tout cela n'était que de la politique et que la France était un grand ennemi de l'islam.

Le Printemps arabe, néanmoins, avait rendu l'image plus floue.

Son premier contact avec Abdulillah eut lieu un lundi du mois de novembre. Pour Assya, c'était de bon augure. Assya aimait les lundis. Selon le grand commentateur du Coran At Tabari, le prophète naquit un lundi. Il quitta La Mecque un lundi, arriva à Médine un lundi et mourut un lundi. Ce fut également un lundi que le Prophète plaça la pierre noire dans la Kaaba. Abdulillah s'exprimait bien, de façon respectueuse. Il ne faisait aucune faute d'orthographe et avait de l'éducation. Il semblait calé en sciences religieuses. En tout cas, il prétendait avoir étudié l'arabe et la religion pendant trois ans en Égypte. Assya était tout à fait portée à croire ce qu'il lui disait car il s'exprimait sans orgueil et avec modération. Il n'y avait rien d'ostentatoire dans ses propos et c'était pour Assya une qualité essentielle mise en avant dans le Coran. Assya pensait que, pour être vraiment humble devant Dieu, il fallait être humble tout court. Avec Abdulillah, les conversations se déroulaient comme l'eau paisible d'une rivière qui coule. Une musique émanait de ses mots. Elle avait l'impression, en lisant ses messages, d'entendre sa voix, et sa voix lui paraissait douce et mélodieuse. Assya était en train de tomber amoureuse. Elle le sentait mais elle était contrariée par une chose, capitale à ses yeux : Abdulillah était français. Il vivait en France. Il n'avait pas de pays où l'emmener vivre, pas de beaux minarets à lui faire miroiter, pas de dômes resplendissants à lui faire contempler. Elle discuta longuement de ce problème avec ses amies internautes. Samira ne voyait pas le problème : « T'as qu'à lui dire que s'il veut de toi, il devra t'emmener avec lui faire l'Hijra : point barre ! »

Samira avait raison mais Assya avait peur de mettre les pieds dans le plat. Elle avait peur de la réponse d'Abdulillah. Elle avait peur de le perdre. Alors elle aborda le sujet en tournant autour. Elle lui demanda combien il voulait d'enfants parce qu'elle en voulait plein. Il répondit que les enfants étaient un cadeau de Dieu et que c'est lui seul qui déciderait. Décidément, Abdulillah avait toujours le mot juste. Il était trop craquant ! Et puis elle se lança :

— Abdullilah, j'ai une question très importante à te poser. Dans quel pays voudrais-tu élever tes enfants ?

— Peu importe le pays, si c'est un pays où il est possible de les élever dans le respect de la loi divine.

Assya n'était pas plus avancée. La réponse d'Abdulillah était trop floue.

— Écoute, je te laisse me poser une question directe et après tu me laisses te poser une question directe, c'est d'accord ?

— Assya, tu sais très bien que nous ne devons pas poser des questions trop personnelles et en tout cas pas de questions sur notre physique.

— Oui, oui, je sais bien. Ma question n'aura à voir qu'avec la religion. Et toi, tu n'as pas une question précise à me poser sur la religion ? Tu ne me demandes jamais rien de précis !

— Effectivement, j'ai une question précise à te poser. Si je ne l'ai pas fait jusque-là, c'est parce que la dernière fois que j'ai posé cette question, je n'ai pas apprécié la réponse.

À l'évocation de cette « dernière fois », Assya se sentit terriblement jalouse. Elle savait bien qu'Abdulillah était déjà à la recherche d'une épouse avant de la connaître mais ça lui faisait tout de même quelque chose.

— Vas-y, pose-moi la question.

— Portes-tu le hijab ou le niqab ?

Assya se tordit les doigts avant de répondre. Elle se rendait compte qu'elle ne savait pas quelle réponse plairait à Abdulillah. Même chez les musulmans qui pratiquaient assidûment leur religion, le niqab était souvent considéré comme une stupidité, la démonstration que celle qui le portait ne voulait pas s'intégrer, un signe ostentatoire qui tenait plus d'un orgueil mal placé que de la vraie foi. Or elle n'avait pas beaucoup d'indices pour classer Abdulillah dans la catégorie des ennemis du niqab ou de ses partisans. Quand elle lui avait demandé de quel courant de l'islam il se sentait le plus proche, il avait répondu sobrement, comme à chaque question, qu'il n'y avait pas de courant dans l'islam. Il était un musulman, un point c'est tout. Assya s'était sentie idiote mais la réponse lui avait plu. D'ailleurs, tout ce que disait Abdulillah lui plaisait. Pour une fois, Abdulillah avait donné quelques explications complémentaires. Il estimait que les innovations par rapport au Coran, à la vie du Prophète et à celle des premiers califes avaient favorisé la Fitna dans le monde musulman. Cependant, c'était une réponse qui n'apprenait pas grand-chose de précis à Assya sur ce qu'Abdulillah pensait du port du niqab…

— Par la volonté de Dieu tout-puissant, je porte le niqab.

Assya retira ses doigts du clavier et attendit nerveusement la réponse. Heureusement, celle-ci arriva au bout de vingt secondes.

— Tant mieux, car je n'aurais pas pu épouser une femme qui ne porterait pas le niqab ou la burqa.

Assya prit cette réponse comme une déclaration d'amour.

Elle était heureuse. Elle en avait même oublié qu'elle était censée poser une question à Abdulillah, chose qu'il lui rappela.

— À ton tour maintenant.

Assya avait l'impression de jouer sa vie sur quelques touches.

— Tu dis que tu veux élever tes enfants dans un pays où il est possible de les élever dans le respect de la loi divine, mais crois-tu que ce soit possible en France ?

— Bien sûr que non. La France est un pays de mécréants. Je veux faire l'Hijra. Il est hors de question que je reste vivre ici. De toute façon, l'Hijra est une obligation. Je t'avoue que je suis très surpris que tu me poses une question pareille.

— Non, non, surtout ne le prends pas mal. J'avais peur, c'est tout, peur de ta réponse. Je n'envisage pas non plus d'élever nos enfants dans un pays où la Charia n'est pas appliquée.

Assya reprit son souffle. Elle avait tapé très vite sur le clavier de peur qu'Abdulillah, fâché, ne coupe la connexion. Elle rougit en pensant qu'elle avait écrit « nos enfants » avant de se reprendre.

— Je comprends. Excuse-moi, je n'ai pas voulu te blesser. Je suis de plus en plus persuadé que notre mariage pourrait être heureux et satisfaire le Très Grand.

— Moi aussi, je m'excuse. Tu avais raison d'être étonné par ma question. Mais je voulais en fait te demander dans quel pays tu voudrais vivre.

— Assya. Tu sais à quel point je te respecte et que je tiens à ce que nos rencontres gardent toute la décence nécessaire et respectent les usages, mais j'ai besoin de tes coordonnées MSN ou de ton numéro de portable. Je pense qu'au point où nous en sommes, il faudrait continuer nos discussions en dehors du site.

Assya pensa à Hassan et à la chance qu'elle avait peut-être laissée passer. Cette fois-ci, elle donna ses coordonnées à Abdulillah. Elle ne lui demanda pas les siennes. Ce n'était pas à elle de le contacter. C'était contre les usages. C'était à lui de le faire. Assya n'eut pas longtemps à attendre même si les minutes durèrent une éternité.

Abdulillah la contacta une demi-heure plus tard sur MSN.

— Bon, on reprend notre discussion où elle en était ?

— J'attendais avec impatience. Pourquoi as-tu été si long ?

— Ben, c'était l'heure de la prière.

— Zut, j'ai oublié la prière du soir avec tout ça.

— Ce n'est pas trop tard, tu peux encore la faire maintenant. Je te rappelle dans une demi-heure.

Assya était si impatiente de reprendre la discussion qu'elle eut envie de dire à Abdulillah qu'elle préférait se passer de prière pour une fois. Elle n'en fit rien, de peur qu'il la considère comme une mauvaise musulmane. Elle fit donc la prière du soir en essayant en vain de se concentrer. Son excitation était devenue physique. Elle se sentait toute bizarre. Au fond, c'était son premier vrai rendez-vous galant.

Avec ponctualité, Abdulillah rappela Assya. Il ne le fit pas sur MSN mais sur son portable. La sonnerie fit tressaillir Assya. Elle n'imaginait pas une seule seconde que ce puisse être Abdulillah et elle faillit ne pas décrocher. Quand elle le fit enfin, elle crut défaillir. Rien que d'entendre sa voix, c'était comme un torrent de lave qui se déversait dans sa tête et son cœur. Abdulillah s'en rendit compte.

— Tu préfères que je te rappelle sur MSN ? Tu as l'air gêné.

— C'est que je ne sais pas si c'est bien, si nous pouvons nous parler directement.

— Bon, c'est pas grave. Je comprends. À tout de suite sur MSN.

Assya, maintenant, connaissait la voix d'Abdulillah et la trouvait très mélodieuse. C'était du miel. Elle n'eut pas le temps de réfléchir à ce qu'elle venait de vivre. Abdulillah la contactait sur MSN comme prévu.

— Assya, je veux vraiment m'excuser. Je n'aurais pas dû te téléphoner mais je voulais...

— Non, ce n'est vraiment pas grave, mais que voulais-tu ?

— Je voulais entendre le son de ta voix.

Assya inspira fortement. Elle se sentait fébrile. Ce que venait de lui dire Abdulillah, c'était... Elle eut honte de cette pensée... c'était comme s'il lui avait avoué qu'il la désirait. C'était un peu trop pour un premier rendez-vous privé.

— Excuse-moi, Abdulillah. Je préfère que nous en restions là pour ce soir. Ne m'en veux pas mais je me sens très fatiguée.

— Je peux te rappeler demain à 10 heures ?

— Oui, oui, très bien, vers 10 heures.

La nuit d'Assya fut agitée. Elle parvint tout de même à s'endormir vers 3 heures du matin. À partir de 9 h 30, elle se mit devant son écran à attendre l'appel d'Abdulillah. À 10 heures précises, il appela.

— Encore pardon pour hier soir. Je ne sais pas ce qui m'a pris. Je te promets d'être sincère avec toi et de ne rien te cacher. Tu m'as posé une question à laquelle je n'ai pas encore répondu. En fait je ne pouvais pas y répondre sur le site.

— Pourquoi ?

— Ce n'était pas assez sûr.

— Comment ça, pas assez sûr ?

— MSN, c'est beaucoup plus sécurisé. Il y a des choses qu'il ne faut pas dire n'importe où si on ne veut pas avoir de problèmes.

— Des problèmes avec qui ?

— Avec la police, avec les mécréants.

Assya était déboussolée. Elle ne comprenait rien à ce que voulait lui faire comprendre Abdulillah mais elle avait peur. Le mot « police » était inquiétant. Abdulillah s'employa à la rassurer.

— Tu sais, ce n'est rien de grave, mais il se trouve que certains mots sont facilement mal interprétés.

— Mais quoi en particulier ?

— Le mot « Afghanistan », par exemple. Tu m'as demandé où je voulais élever nos enfants et maintenant tu le sais. Il n'y a pas d'autre pays où le vrai islam soit appliqué.

— Si, la Charia est appliquée dans beaucoup de pays.

— Ce n'est pas exact. Comment veux-tu appliquer sérieusement la Charia quand tout est décidé par les Américains ? Et puis je veux faire l'Hijra dans un pays où l'islam a besoin d'être défendu.

— Tu veux parler de Jihad, c'est ça ? Tu veux faire le Jihad ?

— Oui, tout à fait. Je veux me marier avec toi, faire l'Hijra et le Jihad. Je veux aussi faire des enfants, si Dieu nous fait ce cadeau. Maintenant, je t'ai tout dit. En fait, ce n'est pas exactement en

Afghanistan que je veux partir, c'est dans les zones tribales, au Waziristan. J'ai déjà des contacts.

Assya passa la journée entière à faire des recherches Internet sur le Waziristan. Là-bas, c'était la guerre. Ce n'est pas du tout la vie de famille qu'elle avait imaginée. L'avenir que lui proposait Abdulillah ne correspondait pas aux schémas qu'elle s'était dessinés. Elle ne savait pas quoi penser. La seule solution était d'en discuter avec les sœurs. Il n'y avait que cela à faire. Elle tenait énormément à Abdulillah mais elle avait peur.

Quand la modératrice du forum comprit sur quel sujet la discussion s'engageait, elle mit immédiatement fin à la réunion. Elle indiqua à Assya qu'elle allait recevoir par mail un code pour participer à une réunion privée sur Tinychat le lendemain soir.

En attendant, Assya était dévorée d'inquiétude. Elle ne voulait pas donner sa réponse à Abdulillah avant cette réunion sur Tinychat mais celui-ci essayait de la contacter avec insistance. La réunion fut grave. Une dizaine de sœurs y participait. Samira en faisait partie. De l'avis général, Assya avait de la chance. Elle avait trouvé un vrai musulman. Le Jihad faisait partie de l'islam et il était normal qu'Abdulillah veuille y prendre part. Samira, pour rassurer son amie, souligna que ce n'est pas parce qu'un homme faisait le Jihad qu'il était nécessairement tué. Certains parvenaient à rester en vie pendant trois, cinq voire dix ans. Assya, avec peu d'assurance, répondit qu'elle avait espéré pouvoir faire toute sa vie aux côtés de son mari. Une sœur lui répondit que ce que Dieu avait donné, seul Dieu pouvait l'enlever. Une autre fut beaucoup moins complaisante envers Assya. Elle lui reprocha ouvertement son manque de détermination. La moindre des choses, selon elle, était de soutenir son mari dans la voie du Jihad. C'était ce que le Coran demandait aux femmes de moudjahidin. Assya n'eut même pas la force de répondre qu'elle n'était pas encore mariée à Abdulillah. Elle avait envie de pleurer. À quoi bon ! Il était évident que les sœurs avaient raison et qu'elle n'était qu'une petite fille égoïste. Il y avait tant de dalils sur la question. Son devoir était effectivement d'épouser Abdulillah et de le soutenir le plus possible.

Abdulillah fut fou de joie quand Assya lui donna sa réponse. Maintenant, il fallait organiser la date du mariage. Abdulillah s'occupa de tout. C'était mieux ainsi car Assya ne voulait pas que ses parents soient informés de son mariage et encore moins de son départ. Abdulillah trouva les témoins pour la cérémonie. Il connaissait un imam dans la banlieue de Lille qui pourrait les marier. Comme cela, tout serait réglé dans la journée. Assya, timidement, demanda à Abdulillah s'il était possible d'organiser une rencontre avant le mariage. Le fait de n'avoir jamais vu son futur mari avant la cérémonie la perturbait. Non pas qu'elle envisageait une seule seconde de changer d'avis mais elle voulait avoir le temps de s'habituer. La cérémonie du mariage était elle-même suffisamment émouvante sans avoir à découvrir dans le même temps l'homme qui allait partager sa vie. Abdulillah ne fit aucune objection à cette rencontre prénuptiale. Elle eut lieu une heure avant la cérémonie au domicile de Youcef, l'un des deux témoins du mariage. Assya était accompagnée de Samira. Quand les deux jeunes femmes entrèrent dans l'appartement de Youcef, Samira posa avec tendresse sa main gauche sur l'épaule de son amie pour la réconforter. Elle se dit qu'Abdulillah avait beaucoup de chance. Assya était belle. Ça se voyait malgré le niqab. Sous le tissu noir, l'on devinait la silhouette frêle et les traits fins. Et puis il y avait les yeux d'Assya qui éclairaient la pièce et laissaient deviner bien des choses. L'épouse de Youcef mena les deux jeunes femmes dans le salon et leur servit du thé en essayant de détendre l'atmosphère. Elle dit à Assya que son mari connaissait bien Abdulillah et qu'elle avait fait un bon choix. Abdulillah était un vrai musulman qui pratiquait sa religion comme au temps du Prophète.

Quand elle sentit qu'Assya était bien installée dans le canapé et que le thé l'avait réconfortée, elle partit chercher Youcef et Abdulillah. Les deux hommes pénétrèrent dans la pièce en silence. Assya se demanda lequel des deux était son futur mari, lequel correspondait physiquement le plus à la voix chaude d'Abdullilah. Les deux hommes s'installèrent dans les fauteuils placés devant le canapé. Assya se redressa. Elle se sentait soudain toute petite, enfoncée dans un canapé moelleux, avec ces deux hommes immenses qui l'observaient. Youcef se présenta et présenta Abdulillah. Des deux hommes, Abdulillah était de loin le plus beau. Il était mince, grand et avait des gestes lents et gracieux. Son kamis blanc immaculé, légèrement brodé, faisait ressortir la beauté de sa barbe et de ses cheveux noirs. La couleur de ses yeux paraissait très sombre également. Assya n'en était pas certaine car elle n'osait pas le dévisager. La discussion tourna autour de la capacité d'Abdulillah à faire vivre sa famille. Assya ne dit presque rien. C'est Samira qui mena les discussions. Puis ce fut l'heure de partir pour le centre islamique où l'imam les attendait. Dans la plus stricte intimité, Abdulillah épousa Assya religieusement. Samira ne put s'empêcher de penser au jour et à la nuit, tant la tenue noire d'Assya contrastait avec la robe blanche d'Abdulillah.

Sitôt la cérémonie achevée, Abdulillah indiqua à Assya qu'il n'était pas d'accord pour que ses parents ne soient pas informés de leur mariage. Si elle voulait l'accompagner pour leur annoncer la nouvelle, c'était tant mieux, sinon il irait seul. Assya lui était très reconnaissante. Elle l'en aima encore plus. Où trouvait-il cette force, cette lumière intérieure ? Elle décida de se montrer digne de lui et de l'accompagner. Assya expliqua à ses parents qu'elle avait épousé Abdulillah religieusement et qu'elle partait vivre sous son toit à Toulouse. Les parents d'Assya, comme à leur habitude, ne s'opposèrent pas à l'inévitable. Ils aidèrent leur fille à faire ses valises, l'embrassèrent tendrement et lui firent promettre, devant le regard courroucé d'Abdulillah, de venir les voir souvent. Abdulillah en fit vertement le reproche à son épouse sur le chemin de Toulouse :

— Comment as-tu pu leur promettre de les voir souvent ? Dès que possible, nous partons au Waziristan ! Le mensonge n'est permis que lorsqu'il sert à quelque chose.

— Ce mensonge a servi à ne pas leur faire trop de peine.

Dans les semaines qui suivirent l'installation du couple à Toulouse, Abdulillah fut de plus en plus morose. Lui qui était toujours si calme s'énervait souvent. Tout se passait bien avec Assya mais l'attente était trop longue. La date de leur départ était sans cesse repoussée et puis, il y avait une raison plus profonde qu'il ne pouvait indiquer à Assya. Contrairement à ce que l'émir lui avait promis, Assya ne pourrait pas venir avec lui, au moins dans un premier temps. Dans le passé, certains moudjahidin avaient eu l'autorisation de débarquer avec leur femme au Waziristan, mais aujourd'hui la situation était bien compliquée et trop dangereuse. Avec les drones américains, les frères devaient se cacher dans de petites maisons et, avec cette promiscuité, la présence des femmes était impossible. Abdulillah ne savait pas comment annoncer cela à Assya. Ce mensonge par omission le minait. Assya, de son côté, était perturbée par l'attitude de son mari mais elle comprenait son impatience. Et puis il y eut rapidement une très bonne nouvelle. Ce n'était pas la bonne nouvelle qu'Abdulillah attendait mais c'était pas mal tout même : Assya était enceinte. Abdulillah et Assya étaient aux anges, d'autant qu'Abdulillah semblait avoir un peu oublié le Jihad. Il apparut que Dieu ne leur avait pas fait qu'un seul cadeau car Assya attendait des jumeaux, deux garçons... deux futurs moudjahidin comme disait leur père avec fierté.

Assya était enceinte de six mois quand Abdulillah reçut un mail qui l'invitait à prendre l'avion trois jours plus tard pour Istanbul, où il serait pris en charge par un contact qui le ferait passer en Iran puis au Pakistan. Sa destination finale, comme prévu, était le Waziristan. Au minimum, Abdulillah devait partir avec 3 000 dollars en espèces. Il était fou de joie quand il annonça la nouvelle à sa femme. Elle l'était beaucoup moins.

— Et moi, qu'est-ce que je fais ?

— Tu es enceinte. Tu ne peux pas venir pour l'instant, mais je te ferai venir plus tard. Je préparerai tout pour ta venue et celle des enfants. Comme ça, ce sera beaucoup plus simple pour toi.

— Mais je vais vivre où ? Je ne peux pas rester toute seule ici. Il n'y a personne pour m'aider et tu as pris toutes nos économies.

— Le mieux, c'est que tu retournes chez tes parents jusqu'à ce que je te fasse venir au Waziristan. Ça ira vite, tu verras. Avec le départ des Français et des Américains, les taliban vont reprendre le dessus et nous pourrons vivre heureux où nous voudrons, au Waziristan ou n'importe où en Afghanistan. Peut-être même à Kaboul si tu préfères une grande ville.

— Une grande ville, ça serait bien pour l'éducation des enfants. Et puis surtout pour les soins, s'ils attrapent une maladie ou je ne sais quoi.

Abdulillah conduisit sa femme chez ses beaux-parents. Il faisait beau à Lille. C'était un peu moins difficile comme cela. Il avait inventé une histoire de travail en Arabie saoudite qui s'était présenté subitement. Quand Abdulillah repartit après avoir fait toutes les promesses possibles à Assya, celle-ci retourna dans sa chambre d'enfant. Elle s'assit devant son écran d'ordinateur mais ne l'alluma pas. Elle pensa qu'elle était retournée à la case départ. Des larmes coulèrent sur ses joues dont elle eut aussitôt honte. Elle ne devait pas être triste. Elle devait au contraire être fière.

Cinq jours plus, elle reçut des nouvelles de son mari sur l'adresse de messagerie qu'il lui avait créée spécialement. Tout allait bien. Il était en Turquie et devait bientôt partir. Ce message redonna un peu de courage à Assya. Abdulillah lui avait donné des nouvelles, comme il l'avait promis. D'ailleurs, il tenait toujours ses promesses. Et puis… Et puis surtout, c'était un lundi.

Ce fut la seule et unique fois qu'Assya reçut un message de son mari.

Pourquoi prévenir le terrorisme est-il si difficile ?

La lutte judiciaire contre le terrorisme navigue entre deux écueils. Depuis l'origine, elle est écartelée entre sa mission de protection des libertés individuelles et les exigences sécuritaires.

La poussée des exigences sécuritaires a été très forte ces dernières années, en particulier après les attentats du World Trade Center. L'ennemi était puissant et il fallait se donner tous les moyens pour le contrecarrer. Pourtant, parce que l'Amérique avait été touchée en son cœur et que des attentats d'envergure se succédaient sur la planète à un rythme soutenu, la France aurait sans doute admis d'être touchée à son tour. Elle s'attendait à l'être. Les services antiterroristes travaillaient d'arrache-pied pour éviter des attentats sans avoir la pression d'une exigence de sécurité absolue. Depuis 2001, les années ont passé et au fil du temps, les Français ont vécu dans une fausse assurance. Même si Al Qaida nous menaçait régulièrement dans les discours de ses chefs, rien ne se passait. Nous nous étions habitués à l'invincibilité de notre territoire. Cela a contribué à créer une société qui, à la veille de l'affaire Merah, exigeait de son système antiterroriste une efficacité absolue et qui, après la mort du terroriste, n'avait qu'une seule question : pourquoi ? Pourquoi est-ce arrivé ? Qui sont les responsables ? Dans l'affaire Merah comme dans chaque situation d'attentat, la seule réponse censée est la suivante : notre système antiterroriste est entièrement fondé sur la prévention et si une action antiterroriste a pu avoir lieu, c'est donc un échec avéré de ce système. Mais c'est tout ce qu'il y a à en dire. La perfection n'est pas de ce monde. Les services américains ont eu des loupés avant le 11-Septembre 2001, les Espagnols n'ont pas vu venir les attentats de Madrid de 2004 et les Anglais, dont les services de renseignement sont pourtant très efficaces, n'ont pas su éviter la tuerie dans le métro de Londres en 2005. A posteriori, quand on analyse à froid le déroulement d'un attentat, on découvre nécessairement qu'il aurait pu être évité. Et pourtant. Une accumulation de chances d'un côté, de petites erreurs de l'autre, aura rendu possible le massacre. A priori, qui aurait imaginé que le Yéménite Abdoul Farouk Abdulmutallab, signalé par son père à la CIA comme étant potentiellement dangereux, aurait pu obtenir un visa pour les États-Unis, mais aussi monter dans un avion en décembre

2009 avec une charge explosive ? S'il est toujours utile de se poser la question « pourquoi ? » et de chercher des réponses, ce doit être dans l'esprit d'améliorer le système et non pour entretenir l'idée farfelue que celui-ci serait censé éviter tous les attentats.

Dans le système de prévention français, la justice antiterroriste a une place encore plus inconfortable que celle des services de renseignement. La mission qu'on lui assigne est contre-nature. La fonction de la justice pénale est de juger les actes criminels déjà commis et non pas d'empêcher que des actes criminels soient commis. L'enquête pénale, qu'elle soit menée par le procureur ou le juge d'instruction, a pour but d'identifier et d'arrêter le coupable. Le cadavre est encore chaud et l'enquête commence. La seule menace, déjà considérable, qui pèse sur l'enquête est celle de l'erreur judiciaire. Dans l'antiterrorisme, il faut arriver avant le cadavre. La commission du crime scelle notre échec. Nous ferons notre travail de recherche des coupables comme des magistrats de droit commun, mais notre utilité première aura été battue en brèche.

Or, au fil des années, la fonction préventive de la justice antiterroriste est devenue de plus en plus difficile à assumer. S'il existe de moins en moins de grands terroristes actifs en Europe par rapport à la grande époque d'Al Qaida, nous sommes perdus au milieu de phénomènes nouveaux qui posent, en termes de prévention, des problèmes insolubles. L'émergence du Jihad individuel en est un de taille.

La très grande diversité de nos « clients » en est un autre. La population jihadiste est aujourd'hui diluée dans la population française. Elle provient de milieux sociaux divers, sans aucune exclusive. La proportion de femmes et de mineurs est devenue inquiétante. Il ne manquerait plus que Papi et Mamie s'y mettent aussi et partent faire le Jihad. Nos schémas sont dépassés. Le sexe, l'âge, le milieu social, l'origine, le degré d'éducation, la stabilité de la vie familiale et notamment la paternité ou la maternité ne sont plus des critères qui permettent d'assurer la détection et d'évaluer la dangerosité potentielle d'un individu. Nous ne savons même plus quel nom donner à nos « clients ». Faut-il les appeler moudjahidin, jihadistes, islamistes ou terroristes ? Faisons-nous encore la différence entre toutes ces notions ? Un islamiste est-il nécessairement un terroriste potentiel ? Un jihadiste est-il déjà un terroriste ? Dans nos dossiers, nous sommes confrontés à une variété d'individus qui se situent à des hauteurs différentes sur l'échelle de la radicalisation. Ils ont suivi un processus lent ou au contraire accéléré de radicalisation. Certains, qui nous semblent moyennement fanatiques, s'avèrent être très actifs au sein de groupes terroristes, alors que d'autres, dont le discours est d'une rare violence, restent dans la théorie et le dogmatisme, et non dans l'action. Certains, surtout, peuvent agir en solitaire tandis que d'autres ont besoin d'un effet de groupe pour passer à l'action. De fait, seul le schéma classique du groupe terroriste subsiste – quand nous avons affaire à un véritable groupe, ce qui est de moins en moins fréquent.

Un groupe terroriste se caractérise toujours par l'existence d'un émir, par le serment d'allégeance porté à celui-ci par les autres membres du groupe, par la mise en place d'entraînements sportifs destinés à souder les membres du groupe et à les préparer physiquement pour le Jihad, par des réunions au cours desquelles des thèmes dogmatiques sont abordés (notamment celui du Jihad), par l'émergence d'un référent religieux ou du moins d'une personne reconnue par le groupe comme ayant une connaissance de la science religieuse supérieure à celle des autres membres du groupe. Quand tous ces ingrédients ont été rassemblés et qu'ils ont mijoté suffisamment longtemps, la phase pré-opérationnelle s'enclenche. Les mesures de sécurité deviennent plus importantes. Les membres du groupe ne communiquent plus entre eux par les voies habituelles. Ils cherchent à sécuriser leurs communications par des logiciels adaptés. Derrière l'unité apparente que représente un groupe se cachent déjà des personnalités bien différentes, des individus plus ou moins dangereux, plus ou moins motivés.

Pour la justice antiterroriste, le temps du premier choix est arrivé. Après, il n'y aura plus que cela, des choix à faire, des décisions, bonnes ou mauvaises. Déjà, en amont, les services de renseignement auront fait un choix en décidant ou non de judiciariser leurs informations. Ils auront décidé de saisir la justice ou, au contraire, de traiter en renseignement un individu ou un groupe pour voir ce qui se passe. Cette première phase non judiciaire ne nous est pas connue. La justice n'y est pas associée même si, en théorie, la connaissance d'infractions pénales doit donner lieu à un signalement à l'autorité judiciaire. Voilà pour la théorie, mais en réalité, il est difficile d'apprécier l'existence d'une association de malfaiteurs terroristes. À partir de quand les éléments constitutifs de l'infraction sont-ils réunis ? À partir de quand existe-t-il suffisamment d'éléments permettant de saisir la justice ? Peut-on même se permettre de la saisir dès les premiers frémissements, au risque d'étouffer la machine judiciaire sous des dossiers qui n'en valent pas la peine ?

Si ce premier choix de la judiciarisation nous échappe, nous en avons par la suite d'autres à faire. Le ministère public, tout d'abord, peut diligenter lui-même l'enquête pendant un temps plus ou moins long ou ouvrir rapidement une information judiciaire afin qu'un juge d'instruction prenne le relais. Ce choix doit se faire en théorie sur un critère pratique : des moyens d'investigation tels que des sonorisations ou des écoutes téléphoniques de longue durée sont-ils nécessaires pour l'enquête ?

D'autres considérations ne doivent pas entrer en ligne de compte, et surtout pas des considérations politiques. Le procureur de la République, à la fin de son enquête préliminaire, pourra aussi décider de classer l'affaire. Finalement, le dossier n'a pas tenu ses promesses. Il ne semble pas que l'individu ou les individus surveillé(s) ai(en)t eu un projet terroriste en préparation – ou alors très vite abandonné. En matière terroriste, le classement sans suite n'est pas une décision facile à prendre. Le procureur dispose d'assez peu d'éléments et surtout d'un recul parfois insuffisant. La personne surveillée aura été sur écoutes pendant un mois, aura fait l'objet de filatures. L'enquête aura duré peut-être six mois pendant lesquels il ne se sera rien passé et le procureur décidera logiquement le classement, tout simplement parce que les éléments nécessaires à pouvoir ouvrir une information judiciaire n'auront pas été apportés. Si le service enquêteur estime néanmoins que les personnes visées par l'enquête sont potentiellement dangereuses, il n'est pas exclu qu'il décide de les traiter de nouveau en renseignement. En somme, à la phase initiale de renseignement succède une phase judiciaire d'enquête, qui est suivie d'une nouvelle phase de renseignement.

Le juge d'instruction est confronté au même choix que le ministère public quant au sort à réserver aux personnes placées sous surveillance. Il bénéficie néanmoins d'un temps plus long pour recueillir des éléments – et donc pour prendre sa décision. Un individu peut avoir été placé sur écoutes téléphoniques pendant un ou deux ans, voire plus. Son trafic Internet a pu être capté et analysé par le service enquêteur pendant une durée tout aussi longue : cela ne signifie pas qu'il sera un jour interpellé. Peut-être même ne saura-t-il jamais qu'il a été surveillé dans le cadre d'une information judiciaire.

Choisir qui l'on surveille est sans doute le premier choix d'importance au cours de l'information judiciaire. La liste des individus sur lesquels on « met le paquet » est évidemment évolutive au cours de l'enquête, au fur et à mesure des éléments recueillis. Dès le début, cependant, des personnes sont écartées parce qu'elles ne semblent a priori pas intéressantes (même si elles se trouvent dans l'entourage de l'une des cibles prioritaires du dossier). Une erreur d'appréciation peut être commise.

Le choix du moment des interpellations est lui aussi essentiel. Une association de malfaiteurs terroristes est un œuf à la coque : il lui faut un temps de cuisson précis. Parfois, des éléments extérieurs au dossier nous obligent à procéder aux interpellations plus rapidement que prévu. Les causes de cette précipitation sont très diverses. Ce peut être l'interpellation de l'un des membres du groupe à l'étranger avec toutes les répercussions que l'on peut imaginer en France. Ce peut être une pression politique et/ou sécuritaire. Ce peut être une crainte injustifiée liée à une lecture alarmiste d'un message ou d'une conversation téléphonique. Ce peut être des difficultés techniques liées à l'utilisation d'un système de communication que nous ne parvenons pas à décrypter ou à intercepter, et qui nous rend « aveugles » sur les projets du groupe, et donc vulnérables. Ce peut être une information d'un service étranger qui se révélera finalement inexacte. Ce peut être le départ programmé pour l'étranger de membres importants du groupe et le risque de ne plus les revoir.

De multiples événements obligent parfois à procéder aux interpellations plus rapidement que prévu, alors que le dossier n'est pas mûr et que nous ne connaissons pas suffisamment la structure du groupe. Une trop grande précipitation pose notamment des difficultés dans la détermination de la liste des personnes à interpeller lors de la première « fournée ».

La première « fournée » d'interpellations est évidemment la plus importante. Y figurent tous les objectifs prioritaires. Les objectifs secondaires sont laissés pour plus tard. Les capacités de traitement, lors d'une opération d'envergure, sont forcément limitées si l'on veut préserver la qualité du travail. Les effectifs du service enquêteur permettent très rarement de pouvoir traiter efficacement plus de vingt objectifs à la fois. Et c'est déjà énorme. Les membres du groupe peuvent être disséminés sur plusieurs points du territoire. Le nombre de perquisitions sera élevé et d'autant celui des ordinateurs à exploiter pendant les gardes-à-vue. Il faudra aussi compter avec un contingent d'avocats en prenant garde aux incompatibilités. Un avocat ne peut en effet défendre deux personnes dont les déclarations en garde-à-vue sont en opposition.

La réussite d'une opération antiterroriste est liée à cette définition des cibles prioritaires, avec d'éventuelles erreurs d'appréciation. Nous ne connaissons l'importance d'un individu au sein du groupe que par l'exploitation de l'ensemble des éléments de surveillance. Plus ce temps d'exploitation a été court et plus le risque d'erreur est important. Nous pouvons surestimer l'importance ou la dangerosité d'un individu et sous-estimer celle d'un autre. La décision sur les cibles de la première vague d'interpellations se fait toujours d'une façon identique. Une réunion est organisée à laquelle participent le juge d'instruction en charge du dossier et, le cas échéant, ses collègues juges d'instruction codésignés, ainsi que plusieurs policiers du service enquêteur. Généralement, pour les affaires de taille, les juges d'instruction invitent à cette réunion le magistrat du parquet qui suit le dossier du côté du ministère public. Le service enquêteur ne vient pas les mains vides. Il a préparé une liste des objectifs qui lui paraissent prioritaires. L'un des commissaires est présent ainsi que trois ou quatre des enquêteurs qui procéderont aux perquisitions et aux auditions des gardés à vue. Bien entendu, le service enquêteur veut faire entériner sa liste et développe au cours de la réunion ses arguments, individu par individu. Les juges d'instruction et en particulier le « premier désigné », c'est-à-dire celui qui a la responsabilité du dossier, se projette déjà, lors de cette réunion, dans l'avenir. Il imagine les évolutions prévisibles. La plupart des personnes figurant sur la liste ne posent aucune difficulté. Il y a assez d'éléments dans le dossier pour justifier leur interpellation. Pour certains, les éléments à charge sont plus ténus, plus discutables. Les enquêteurs disposent parfois de renseignements non judiciarisés qui expliquent leur inquiétude sur un individu en particulier, mais le juge d'instruction sait néanmoins que le sort des personnes interpellées doit dépendre uniquement des éléments existant en procédure.

Certes, on peut toujours espérer que le résultat des perquisitions et des auditions donnera des éléments suffisants contre ces *softs targets*, mais ce n'est pas une certitude. Parfois, quoique plus rarement, la situation inverse se présente. Le juge d'instruction ne comprend pas pour quelle raison l'une des personnes surveillées ne figure pas dans la liste de la première charrette. Il a une appréciation des éléments à charge contre cet individu et de sa dangerosité différente de celle des enquêteurs. Les motifs pour lesquels cette personne n'a pas été incluse dans le premier cercle peuvent être très divers. Soit qu'elle est isolée par rapport au reste du groupe et qu'il n'y a pas de risque qu'elle prenne la fuite. Elle pourra donc attendre la prochaine fournée. Soit qu'elle est malade ou enceinte. Elle peut parfois être une « source » du service enquêteur. Elle n'est susceptible de détruire aucun élément important en apprenant les interpellations des membres du groupe. Parfois, le choix est hésitant, dans un sens ou dans l'autre. Il est difficile d'être certain de prendre la bonne décision. J'ai le souvenir de quelques justiciables qui l'ont échappé belle… et qui ne l'ont jamais su. La décision les concernant s'est faite sur le fil. Un peu plus, et ils se retrouvaient dans la première charrette, avec un passage probable par la case prison. Plus tard, avec l'évolution de l'enquête, il n'est plus apparu nécessaire de les interpeller ou, en tout cas, de les mettre en examen. Le groupe n'existait plus. La menace avait disparu. Le dossier était assez solide et il y avait déjà trop de personnes poursuivies. Tomber dans la première charrette est un handicap majeur pour la suite. Ce sont eux, considérés comme les plus dangereux, qui vont généralement en détention provisoire.

L'établissement de la liste des « malheureux élus » n'est qu'un point de départ car, à la fin des gardes-à-vue, le juge va définir, seul ou avec ses collègues, la liste des personnes qui lui seront déférées pour être mises en examen. Cette dernière est souvent établie après de multiples tractations et discussions avec le service enquêteur. Souvent, le ministère public y est également associé dans la mesure où c'est lui qui décidera de requérir ou non un mandat de dépôt. Si le juge d'instruction a la charge du déferement et de la mise en examen et peut saisir le juge des libertés et de la détention pour qu'il décide ou non d'un placement en détention provisoire, les réquisitions du ministère public sont, elles, très importantes sur ce dernier point. Le procureur représente l'accusation et il est extrêmement rare qu'un juge de la liberté et de la détention place en détention une personne mise en examen, contre les réquisitions de mise en liberté du Parquet. Il arrive aussi que le procureur trouve les éléments insuffisants pour requérir une détention.

À la fin des gardes-à-vue, le juge d'instruction a deux possibilités : soit remettre en liberté purement et simplement, soit ordonner le déferement. Ce choix peut cacher des stratégies plus complexes. Une personne remise en liberté pourra tout de même être mise en examen ultérieurement, sur convocation du juge. Une personne déférée ne sera pas forcément présentée devant le juge des libertés et de la détention. Le juge d'instruction pourra décider de la placer sous contrôle judiciaire pour lui interdire, par exemple, de quitter le territoire français et lui saisir son passeport. Les personnes qui sont ainsi mises sous contrôle judiciaire en matière de terrorisme ne bénéficient pas nécessairement d'un traitement de faveur. Elles font au contraire souvent partie des individus que le juge avait initialement envisagé de libérer purement et simplement, mais que le service enquêteur a réussi « à vendre » au finish lors de l'établissement de la liste des déférés. Il existe, au moment de cette décision cruciale, une différence sensible entre le service enquêteur et le juge d'instruction. Après avoir travaillé pendant de longs mois puis de façon intensive pendant les gardes-à-vue, les services de police recherchent logiquement une reconnaissance de l'efficacité de leur travail. La décision du juge de se faire déférer les individus concernés constitue cette reconnaissance. Il s'agit là d'un comportement humain et les juges d'instruction comprennent ce forcing pour que le nombre de déférés soit le plus élevé possible. Les policiers, dans les systèmes de droit anglo-saxon, fonctionnent exactement de la même façon. Quand ils apportent leur dossier à l'Attorney ou son équivalent, ils espèrent aussi que celui-ci estimera le dossier assez solide pour engager des poursuites. Cependant, dans le système français, le juge d'instruction est idéalement placé pour imaginer la suite du traitement judiciaire des individus concernés. « Acheter » une personne contre laquelle peu d'éléments ont été recueillis revient à prendre un pari sur l'avenir, même si le juge d'instruction contrôle en partie cet avenir, en sa qualité de directeur de l'enquête. Si la poursuite de l'information judiciaire n'apporte aucun autre élément à charge, si les ordinateurs ne parlent pas, la personne mise en examen fera l'objet d'un non-lieu. Elle aura éventuellement subi un préjudice important. Or, plus un dossier comprend de mises en examen limite sanctionnées par autant de non-lieux, plus le degré de crédibilité du dossier diminue dans son ensemble. La justice antiterroriste se trouve alors accusée de « ramassage scolaire » au mieux, de rafle au pire. L'antiterrorisme français a beaucoup souffert de l'affaire Chalabi et de ses cent quarante interpellations. Depuis, il n'a de cesse de construire des dossiers moins ambitieux mais bien plus solides.

Après ce moment clé des premières interpellations et des premiers déferements, le juge d'instruction n'en a pas fini de faire des choix. Il devra déterminer, tout au long de l'instruction, s'il maintient telle ou telle obligation de contrôle judiciaire et surtout s'il maintient en détention provisoire, au vu de l'évolution de la procédure, les personnes qui s'y trouvent. La remise en liberté, en matière de terrorisme, n'est que très rarement une mesure subjective de confiance. Ce n'est pas en ces termes que le débat sur la remise en liberté avant jugement se pose. Il s'agit bien plus d'une analyse objective des éléments à charge en cours d'instruction. Si le juge d'instruction estime qu'un non-lieu se profile pour l'individu concerné ou que le tribunal risque fort de prononcer une peine inférieure au temps de détention provisoire déjà effectué, il décidera sans doute de le libérer avant la fin de l'instruction. Plus un dossier avance, moins les critères de choix peuvent se permettre d'être subjectifs. S'il est encore possible, au stade des interpellations, d'y aller un peu au feeling en espérant que les éléments à charge apparaîtront dans la suite de l'enquête, il faut bien, quand le puzzle est presque terminé, tenir compte de l'image qu'il reproduit. Exceptionnellement, il arrive que le juge d'instruction libère l'un de ses détenus sur une appréciation purement subjective. Les éléments à charge existent. Ils ne sont même pas contestés, mais le juge estime, pour diverses raisons, que l'individu concerné n'est pas ou n'est plus dangereux. Beaucoup de juges d'instruction se méfient de cette conception trop subjective de la détention provisoire dans la mesure où, s'il s'agit bien de prendre un risque, c'est la société qui l'assume.

Quel que soit le moment où les choix doivent être faits, depuis le travail des services de renseignement jusqu'aux décisions sur la détention, en passant par les interpellations et les gardes-à-vue, l'erreur est possible, dans un sens ou dans un autre. Elle est rendue encore plus probable par la diversité de la population que nous traitons. La mauvaise estimation de la dangerosité d'un individu peut amener à la catastrophe. Nous en avons tous conscience. Cette catastrophe s'appelle un attentat et, à tous les stades de l'enquête, un « Mohamed Merah » est possible. Il est vrai que ceux qui en payent le prix ne sont pas les décideurs, ne sont pas ceux dont le métier est de faire les bons choix. Mais la marge de manœuvre est bien étroite. Intervenir trop tôt, c'est prendre le risque qu'une personne potentiellement dangereuse soit remise en liberté, faute d'éléments suffisants. Et même si nous poursuivons des individus au seul motif qu'ils se sont rendus dans une zone sensible, même si nous les renvoyons devant le tribunal quand nous arrivons à démontrer qu'ils ont bien suivi un entraînement militaire, quelle peine un tribunal peut-il décemment prononcer ? Plus nous intervenons en amont et plus les peines sont faibles, à supposer que le prévenu soit d'ailleurs condamné. Or, pour les individus les plus déterminés, les plus dangereux, ceux que nous considérons comme irrécupérables, les quatre ou cinq années passées en prison pour avoir tirer à la kalash dans les montagnes des zones tribales ne changent rien ou presque.

Le petit et le gros poisson

Il n'y a pas si longtemps, quinze ans à peine, le travail d'un policier antiterroriste était plus simple. La découverte d'un tract du GIA en perquisition assurait la réussite d'une opération. L'objectif était atteint. Il n'y avait plus qu'à dérouler. Il y a dix ans, la découverte d'une vidéo jihadiste et d'une méthode pour confectionner les explosifs suffisait à sabler le champagne. Aujourd'hui, les gardés à vue ont tous ça dans leur ordinateur, et parfois même bien pire. L'abondance de biens nuit aux enquêtes. Les disques durs sont remplis de textes jihadistes, de vidéos d'égorgements, de scènes de combats et de souffrance. Même les petits jeunes de seize ans nagent là-dedans. Ils collectionnent les photos de shahids comme d'autres collectionnent les photos de rock stars. Alors rien d'étonnant à ce que le commandant de police Alain Marenboeuf aspire à une retraite bien méritée. Mais voilà, il lui restait deux ans à tirer, deux ans à faire encore et toujours la même chose, en essayant de garder la foi. Au cours de toutes ces années, il avait vu la situation empirer. Il lui avait fallu beaucoup d'effort pour s'adapter constamment et admettre que les gens devant lui n'étaient plus les mêmes, qu'insensiblement le monde avait changé. Les terroristes d'aujourd'hui ressemblaient de moins en moins à ceux d'hier et, pour tout dire, ressemblaient de moins en moins à des criminels. Il en venait parfois à envier ses collègues du droit commun, ceux qui traitaient la criminalité ordinaire et avaient affaire à des trafiquants de drogue, des proxénètes, des arracheurs de sacs à main, des violeurs incestueux, des tueurs en série, de vrais méchants. Pour lui, c'était devenu tout autre chose. Il ne luttait plus contre des criminels mais contre un phénomène criminel dans lequel étaient parfois embarqués, à la dérive, des jeunes gens improbables qui, il y a quelques années, n'auraient rien eu à faire dans une geôle de garde-à-vue. Mais le policier s'accrochait à une branche. Sa mission. Il participait à son niveau à assurer la sécurité d'un monde qu'il ne comprenait plus.

Ce matin-là, les serrures avaient explosé à 6 heures tapantes, comme d'habitude. Le raid avait neutralisé les objectifs. C'était une opération antiterroriste de plus, toujours avec le même cérémonial. Après deux ans d'enquête, de surveillances et d'écoutes, c'était le jour J. Un jour J de plus. On avait laissé la femme se rhabiller et calmer les enfants et puis la perquisition s'était déroulée sans incident. Comme d'habitude, le commandant avait saisi les agendas, les téléphones et les ordinateurs. Comme d'habitude, il n'y avait pas d'armes, pas d'explosifs et encore moins de cadavre dans les placards. Comme d'habitude, l'objectif ne s'était pas montré surpris. Il savait bien qu'un jour ou l'autre il y passerait.

L'autre équipe avait eu un peu plus de mal. L'objectif était plus nerveux, moins conciliant, plus jeune aussi. De retour dans les locaux du commissariat de province qui les accueillait pour l'occasion, le commandant se servit une grande tasse de café. C'était parti pour quatre jours. Il n'allait pas beaucoup dormir et, de toute façon, la perspective de se retrouver dans l'hôtel miteux à cinquante euros la nuit que son administration lui avait réservé ne lui disait rien qui vaille. La tâche du service concernant Majid, l'objectif principal, n'était pas très ardue. Il y avait pléthore d'éléments contre lui. En fait, il était déjà ferré. Son avenir était scellé. Pour Khaled, le petit jeune, c'était autre chose. Il n'y avait pas beaucoup d'éléments à son encontre. Mais il était excité et haineux. C'était en partie pour ça qu'on l'avait ramassé. Sur Internet et au téléphone, pendant plus d'une année de surveillance, il avait fait preuve d'un extrémisme et d'une violence verbale assez inhabituelle. Et pourtant le policier en avait vu d'autres. Il était prévu que le commandant s'occupe plus particulièrement des auditions de Majid, tandis que le lieutenant se farcirait Khaled. On tournerait tout de même un peu, histoire de changer et de voir si l'accroche était meilleure selon l'enquêteur.

Et maintenant, au boulot. Majid ne voulait pas d'avocat. Le commandant ne savait pas si c'était bon signe. C'était plus pratique, en tout cas.

La première impression fut bonne, trop bonne. Majid avait trente-six ans. Il était calme, cultivé, poli, réservé… un vrai cauchemar. Le commandant préférait de loin les méchants, les petites frappes, celles qu'on se faisait un plaisir de mouliner, d'entasser. Avec Majid, au bout de trente minutes, le commandant avait l'impression de prendre le thé. Au bout de deux heures, il avait la sensation d'assister à un cours de géopolitique à la Sorbonne. Majid expliquait tout. Il parlait calmement, sans jamais élever la voix, sans se plaindre, sans ergoter, sans tourner autour du pot. Majid reconnaissait qu'il était en lien avec Al Qaida, qu'il faisait son possible pour aider les moudjahidin en Palestine, au Waziristan, au Sahel ou au Yémen. Il reconnaissait qu'il avait aidé plusieurs frères à partir sur zone. Il avait les contacts qu'il faut. Il avait aussi donné de l'argent à plusieurs reprises pour le Jihad. Pour autant, il n'était pas un terroriste. Il était un serviteur de Dieu. Il ne cautionnait aucune action contre les populations civiles. Le Jihad n'était légitime que contre les militaires. Le Jihad était une guerre, pas un crime. Même quand le commandant rentra dans le vif du sujet, qu'il mit sur la table des messages significatifs envoyés par Majid à des groupes terroristes, celui-ci ne se démonta pas. Il avait envoyé ces messages pour aider les moudjahidin, pour soutenir comme il pouvait la cause. Un jour, espérait-il, il partirait lui aussi combattre les Américains ou les Israéliens. Le commandant était mal à l'aise. Il avait toujours du mal à auditionner des « gentils dangereux ». Avec eux, il ne savait pas trop comment se comporter, quelle attitude adopter. La douceur et la gentillesse de Majid lui interdisaient d'élever la voix et, en un sens, de prendre véritablement le contrôle de l'audition.

C'est surtout le naturel avec lequel Majid racontait tout cela qui déstabilisait le commandant. Pour Majid, vouloir faire le Jihad était normal, évident, alors que pour le commandant il fallait bien avoir un « pet au casque » pour vouloir partir combattre et mourir à l'autre bout de la planète. Bien entendu, c'était plus confortable de discuter avec un prévenu sans cri, sans tension, sans artifice, mais précisément ce n'était plus du boulot. Pour mettre du sel dans cette garde-à-vue un peu trop monotone, le commandant titilla Majid sur le rôle de la France dans les zones tribales. Puisque la France était engagée en Afghanistan, ne la considérait-il pas comme un ennemi de l'islam ? Majid en convint sans difficulté. Il regrettait d'ailleurs de devoir faire ce constat car il aimait la France, sa seconde patrie. Il aurait préféré que son pays d'accueil se conduise autrement et respecte l'islam. De fil en aiguille, le commandant en vint à l'interdiction de la burqa, à la séquestration de Français au Sahel et aux menaces d'attentat sur le sol français proférées par Al Qaida et Aqmi. Le cours de géopolitique commençait à le saouler un peu et il voulait que Majid se lâche sur des choses plus concrètes.

Mais Majid restait remarquablement logique. Il cautionnait les attaques contre des militaires français en zone pakistano-afghane mais certainement pas les prises d'otages de civils et la commission d'attentats sur le territoire français. Le commandant avait enfin une accroche intéressante. Il montra à Majid quelques messages qui démontraient l'aide qu'il avait apportée à Aqmi, à ceux-là même qui détenaient des otages français. Majid admit qu'Aqmi, si elle agissait la plupart du temps dans le chemin de Dieu, faisait parfois des erreurs. Pour la première fois, le commandant put élever un peu la voix. Ce n'était pas une erreur de séquestrer des civils, c'était un crime ! Majid était un peu contrarié. Il comprenait le raisonnement du commandant mais le commandant devait comprendre de son côté qu'il s'agissait d'une guerre et que l'islam autorisait la prise d'otages à condition qu'ils soient bien traités et ne soient pas tués sans nécessité. S'agissant des otages français, il trouvait qu'Aqmi commettait une erreur parce que cela ne servait à rien dans le contexte actuel.

Pour le commandant, c'était le moment de faire une pause. L'individu qu'il avait en face de lui était charmant, mais c'était tout de même un alien. Quand on grattait un peu, on arrivait toujours au même constat : ces gens-là ne vivaient pas sur la même planète ou alors dans une autre dimension ! Heureusement que la vie du commandant était ailleurs, avec sa femme et ses enfants, dans son petit univers protégé, bien éloigné de celui dans lequel évoluaient Majid et ses semblables !

Dès qu'il sortit du bureau, le commandant alla aux nouvelles. Il se demandait comment ça se passait avec Khaled. Le lieutenant n'était dans le service que depuis trois mois. Il venait de la voie publique et l'apprentissage de la matière terroriste n'était pas évident. Le lieutenant n'était pas en audition. Il buvait un Coca dans la salle de débriefing.

— Alors, tu en es où ?

— Il n'a pas voulu d'avocat non plus, mais j'aurais préféré. C'est l'horreur. J'ai envie de le claquer toutes les deux minutes. Il chique tout. Il me prend de haut. C'était pas la peine que je quitte la Brigade anticriminalité pour retrouver le même genre de petites frappes. C'est un vrai petit con. Il dit que, de toute façon, on n'a rien contre lui.

— En plus, il n'a pas tort.

— Merde, faut pas exagérer ! T'as vu ce qu'il poste sur Internet ? Il dit qu'il faut égorger tous les Américains. C'est un frappa-dingue.

— Oui, mais il n'empêche que, si tu n'arrives pas à lui faire cracher qu'il comptait partir faire le Jihad, ça ne va pas suffire.

— Le juge va quand même pas relâcher un connard pareil ! Ce mec, c'est un danger public.

— Je sais, mais je n'ai pas vu cette infraction dans le code pénal, et à mon avis, le juge non plus.

— Il est tout de même en contact avec Majid. C'est pas pour rien s'il lui a envoyé au moins vingt messages cryptés. C'est évident qu'il voulait que l'autre le fasse partir sur zone.

— C'est évident, mais il va falloir le démontrer, sinon ce sera *makash walou*. En plus, ce sont surtout les réponses de Majid qui seront intéressantes. On devrait avoir le décryptage dans la journée de demain.

— T'inquiète pas. Moi, je vais faire le maximum. J'ai pas envie que Khaled qui nous prend pour des cons sorte d'ici la tête haute, en nous faisant un bras d'honneur.

Le commandant était un peu inquiet. Il trouvait le lieutenant très énervé et il n'avait pas envie que la garde-à-vue dérape.

— Écoute, je vais le prendre un peu.

— Je te le laisse avec grand plaisir. Bonne chance et bon courage.

Dès les premières réponses de Khaled, le commandant comprit l'énervement du lieutenant.

— Bon, on reprend tout de zéro. Comment tu t'appelles ?

— Vous savez bien comment je m'appelle.

— Oui, mais j'ai quand même envie que tu me le dises. J'ai aussi envie que tu arrêtes de dire n'importe quoi. Par exemple, j'ai envie que tu me dises pour quelle raison tu as contacté Majid.

— Je voulais qu'il m'apprenne. C'est un Salim, Majid.

— C'est surtout un gars qui a un bon carnet d'adresses. Un petit message crypté et il t'aurait envoyé où tu voulais. Tu vois, j'ai l'impression que tu l'as contacté pour partir faire le Jihad.

— Croyez ce que vous voulez. De toute façon, je n'ai rien à vous dire. Je suis là parce que je suis musulman. C'est tout.

— Ah non ! Trouve autre chose que le couplet du musulman parano. Je le connais par cœur. On en veut à l'islam, etc. On sait très bien que tu voulais partir faire le Jihad.

— Non, en fait, je voulais aller au parc Astérix et Majid a des prix. C'est illégal, le parc Astérix ? Vous fatiguez pas. Vous n'avez rien contre moi parce que je n'ai rien fait. J'ai tellement rien fait que je ne veux même pas d'avocat.

— T'as rien fait à part tes délires sur Internet… Égorger tous les Américains, par exemple.

— C'est de la poésie. Je suis un poète.

— Tu diras ça au juge. Il va apprécier.

— Pas de problème. De toute façon, le juge, il me mettra dehors. Y a rien contre moi.

— T'es vraiment certain de sortir ? Vraiment ? Tu vas être déçu.

En disant ça, le commandant savait bien que Khaled avait raison. Khaled était un fanatique, un fou dangereux, mais qui n'avait encore rien fait. Il était inutile de se fatiguer. On n'en tirerait rien. La seule chance, c'était Majid et le décryptage des derniers messages. Le commandant était las. D'un côté, il y avait Majid, celui qui allait plonger pour huit ans, qui était sympathique, bien élevé et qui allait payer le prix fort pour ses convictions. De l'autre, il y avait le petit jeune arrogant, sûr de lui, qui crânait car on n'avait rien à lui servir. Mais le commandant, le lieutenant et tout le service espéraient encore.

En attendant le décryptage des messages, le commandant reprit l'audition de Majid. Ce n'était pas la peine de tourner autour du pot. Le commandant aborda sans détour le cas de Khaled. Majid avait déjà reconnu l'envoi d'une dizaine de frères sur des terres de Jihad et il n'y avait pas de raison qu'il bloque sur le cas de Khaled. Le commandant avait vu juste. Majid répondit à toutes les questions avec spontanéité.

— Pourquoi Khaled a-t-il pris contact avec vous ?

— Il voulait partir au Waziristan. C'est très clair dans les messages qu'il m'a envoyés ces trois dernières semaines.

— Et après ?

— Et après, rien. Je n'ai pas voulu de lui. Il m'a harcelé. Il n'a pas arrêté de me contacter mais je n'ai pas voulu de lui.

— Pourquoi ?

— Parce qu'il est trop excité, trop imprévisible, J'ai beaucoup de demandes, vous savez. Alors je peux me permettre de choisir. Et Khaled ne me plaisait pas. Je vous l'ai dit, ceux qui ont trop de haine ne m'intéressent pas. Ils sont dangereux. Ils peuvent faire n'importe quoi. Moi, je ne suis pas un terroriste. Je cherche des moudjahidin, des gens disciplinés prêts à combattre l'armée américaine, pas des jeunes excités. Je n'ai pas de haine. Je pourrai tuer sans hésitation un militaire en Afghanistan mais il n'y aurait aucune haine dans mon cœur. Ceux qui sont motivés par la haine n'agissent pas pour la grandeur de l'islam.

Le commandant sortit de la pièce avec une grande lassitude. Il savait que Majid lui avait dit la vérité sur Khaled. Le décryptage des derniers messages le confirma. Khaled avait fait des pieds et des mains et Majid n'avait pas voulu de lui. Il n'était pas besoin d'être grand clerc pour savoir la suite. Khaled allait s'en tirer. Avec la meilleure volonté du monde, il fallait bien admettre la réalité : il n'avait été membre d'aucune association de malfaiteurs terroriste. Pour cela, il aurait fallu qu'il s'entende avec Mahjid, que celui-ci veuille bien de lui. Il n'y avait rien de tout cela. Majid avait éconduit Kahled et Khaled, qui avait frappé à la porte, s'était fait éconduire. C'est tout. Il n'y avait pas l'ombre d'une infraction à mettre sur le dos de Khaled. Il n'y avait qu'un jeune fanatique qui sortirait de garde-à-vue avec encore plus de rage, de mépris, de morgue et d'assurance. Il n'y avait rien à dire de plus. Le commandant trouva les mots pour consoler le lieutenant.

— T'inquiète pas, celui-là, on le reverra bientôt.

Pourquoi Al Qaida n'est-elle pas morte ?

Que devient Al Qaida, cernée par les enterrements de ses membres historiques ? A-t-elle encore un avenir ou n'est-elle déjà plus qu'un groupuscule qui survit sur sa renommée ? N'est-elle pas devenue un simple label, une marque de fabrique, une appellation à l'origine de moins en moins contrôlée, qui ne sert plus qu'à enrôler des candidats pour le martyre ? Et que devient le nouveau capitaine de ce navire qui sombre ? Est-il condamné à crier, sur le champ de bataille : « Les femmes et les enfants d'abord » ? Et peut-il même encore crier sans que les grandes oreilles de l'Amérique l'entendent ? N'est-il pas contraint de susurrer, de soupirer, pour ne pas être droné à son tour ? Y a-t-il encore un pilote dans l'avion Al Qaida, un chef à la tête d'une organisation qui fut unique dans l'histoire du terrorisme ?

Le terrorisme existait avant Al Qaida mais l'organisation de Ben Laden s'est distinguée par deux caractéristiques principales. D'une part, Al Qaida a mondialisé son action et l'idéologie la soutenant. D'autre part, elle est parvenue à organiser des attentats d'une ampleur sans précédent. Avant Al Qaida, ces deux caractéristiques ne s'étaient jamais retrouvées dans une seule et même structure. Les organisations terroristes les plus meurtrières limitaient leurs actions à une zone géographique bien définie qui correspondait au territoire dont elles voulaient s'assurer le contrôle. Il s'agissait des organisations séparatistes ou autonomistes comme l'IRA, les groupes kurdes, les tigres tamouls ou encore ETA. Les organisations palestiniennes pouvaient être classées dans cette catégorie, même si elles ne limitaient pas leurs actions à la zone concernée par leurs revendications. Cependant, elles n'agissaient hors de cette zone que pour soutenir leur cause sur la scène internationale ou dans le cadre plus général de la guerre froide, si bien qu'elles prenaient toujours soin de limiter le nombre de victimes. L'une des organisations palestiniennes les plus structurées et les plus meurtrières, le Fatah Conseil révolutionnaire d'Abou Nidal, aurait pu sans aucune difficulté commettre des attentats beaucoup plus meurtriers. Avec cynisme, cependant, Abou Nidal savait « ne pas aller trop loin ». Il existe une ligne rouge à ne pas dépasser. Si cette ligne est dépassée, le message que les terroristes veulent transmettre s'efface derrière l'horreur de leur action. Plus personne ne veut écouter, même ceux qui avaient a priori une oreille complaisante. Ainsi la cause palestinienne pouvait résister à une dizaine de morts de-ci de-là, mais certainement pas à des attentats massifs. Même les groupes dont l'action n'était pas fondée sur une revendication territoriale prenaient soin de ne pas brouiller leur message idéologique en faisant couler trop de sang. C'est ainsi que les groupes d'extrême gauche comme Action directe en France choisissaient des cibles individuelles en adéquation avec leur discours. Al Qaida a fait passer le terrorisme dans une autre dimension, plus proche de la guerre que de la criminalité. Les pertes infligées à l'ennemi ont la plupart du temps été colossales. Avant les attaques du 11-Septembre, les attentats contre les ambassades américaines de Dar es Salaam (Tanzanie) et de Nairobi (Kenya) avaient été particulièrement meurtriers (257 morts et 5 000 blessés). Le 11-Septembre 2001, avec plus de 3 000 morts, fut un point d'orgue, mais même après la riposte de la coalition en Afghanistan, les attentats d'envergure ont perduré, que ce soit à Bali (202 morts et environ 300 blessés le 12 octobre 2002), en Espagne (195 morts et 1 500 blessés le 11 mars 2004), à Londres (56 morts et 700 blessés le 7 juillet 2005) ou en Inde (200 morts et 700 blessés le 11 juillet 2006). La technologie moderne a facilité la possibilité pour une organisation terroriste d'occasionner des dégâts très importants. L'explication principale réside cependant dans la volonté de tuer le maximum de gens. Cette volonté n'a jamais été partagée par les autres organisations terroristes internationales tout au long de l'histoire. Les seules à avoir tué plus de civils qu'Al Qaida sont les États-terroristes, mais ils jouent hors catégorie puisqu'il s'agit d'États et que, le plus souvent, la cible visée est leur propre population. Al Qaida seule n'a pas craint de ternir son image et son discours en tuant à l'aveugle le plus de civils possible. C'était un grand changement. Il s'inscrivait dans un contexte unique qui permettait de reculer la ligne rouge de la barbarie. Ce qui permettait à Al Qaida de tuer sans distinction, c'était cette assimilation du terrorisme à la guerre. Malheureusement, les États-Unis d'Amérique sont tombés dans le piège d'Al Qaida en reconnaissant peu ou prou cet état de guerre. Non seulement le président Bush n'a eu de cesse de parler de guerre contre le terrorisme mais il a aussi confié le soin à des militaires de juger la plupart des « combattants illégaux » arrêtés. Puisqu'il s'agissait d'une guerre, tout était donc permis, y compris pour Al Qaida. Les cibles civiles devenaient licites. Des deux côtés, on parlait de « dommages collatéraux ». De plus, il s'agissait d'une guerre sainte, pour tout dire d'une guerre de religions. Ce n'était pas seulement un pays qui était attaqué selon Al Qaida, c'était l'islam, tandis que les « faucons » de Bush n'hésitaient pas à affirmer que l'Amérique avait Dieu à ses côtés.

Si la conception de la lutte contre le terrorisme de l'équipe Bush a été vivement critiquée en Occident, la stratégie très agressive d'Al Qaida a également essuyé des reproches, ces dernières années, de la part de membres du Salafisme jihadiste. Contrairement à l'image répandue, l'unité au sein de la communauté musulmane acquise à la cause du Jihad s'est effritée en raison de l'usage systématique et aveugle par Al Qaida de la violence contre les populations civiles.

L'exemple le plus souvent cité, mais le moins pertinent, de critiques de la méthode Al Qaida, est celui de Jamal Al Fadl. Ce Soudanais né en 1963 a été un proche d'Oussama Ben Laden, auquel il a prêté serment en 1988. En 1996, il est passé dans le camp de l'Amérique après avoir été accusé par son ancien mentor d'avoir puisé dans la caisse. Bien plus significatives sont les critiques de l'ancien porte-parole d'Al Qaida, Abou Gaith. En octobre 2010, Abou Gaith attaquait publiquement l'idéologie de violence du groupe, sa « culture du meurtre et de la destruction », son incapacité à proposer un avenir constructif. Abou Hafs le Mauritanien, ancien président du Conseil de la Charia d'Al Qaida, s'en est pris plus particulièrement à Al Zawahiri, accusé d'être le responsable de cette stratégie de l'ultraterrorisme. En 2009, le groupe armé islamique libyen a, avec encore plus de force, condamné la « méthode » Al Qaida en déclarant illégitime le meurtre de civils au nom du Jihad.

Ces critiques s'adressent à ce qui a fait la force d'Al Qaida, la commission d'attentats d'envergure sur des populations civiles considérées comme complices de leurs gouvernements et, dès lors, ennemies de l'islam. Elles se sont évidemment intensifiées au fur et à mesure qu'Al Qaida perdait pied et que ses principaux chefs étaient tués ou arrêtés. Depuis la mort d'Oussama Ben Laden, l'élimination des cadres d'Al Qaida a pris un nouvel essor. Il y eut notamment la mort, le 22 août 2011, d'Atiyah Abdul Rahman, un Libyen proche d'Al Zawahiri, ancien membre du groupe armé islamique libyen, mais qui était resté fidèle à Al Qaida. Le 11 septembre 2011, pour fêter les dix années des attentats de 2001, un tir de drone mit fin à la carrière d'un proche d'Oussama Ben Laden, le Saoudien Al Shahri. Enfin, il y eut surtout la mort de celui qui avait été pressenti un temps pour succéder au Lion de l'islam. Abou Yahya Al Libi, tué le 4 juin 2012 au Pakistan, occupait une place à part au sein du groupe Al Qaida en raison de ses grandes connaissances de la Charia et de ses capacités opérationnelles. Il faisait surtout le lien avec Aqmi et la Centrale terroriste. Ces coups successifs ont isolé encore plus le nouvel émir d'Al Qaida, Ayman Al Zawahiri. Le leader égyptien a pris les commandes le 16 juin 2011, à un moment très critique, au cœur du printemps arabe. Il semble que sa désignation se soit fait attendre. Elle n'a en tout cas pas coulé de source puisque, dans un premier temps, le chef de la commission militaire d'Al Qaida, Saif Al Adel, a exercé l'intérim. Le communiqué d'Al Qaida annonçant la nomination de son nouvel émir semble être dans la droite ligne de la politique historique de l'organisation terroriste. Al Qaida promet de poursuivre, sous la direction de son nouvel émir, « le Jihad contre les apostats qui agressent la terre d'islam, et à leur tête l'Amérique croisée et son acolyte Israël ».

Mais Al Qaida a-t-elle les moyens de sa politique ? La centrale terroriste, depuis 2007, avait beaucoup investi sur Aqmi. Oussama Ben Laden espérait que le groupe serait en mesure de renverser les régimes apostats de la région et de frapper l'Occident, notamment la France, facilement en raison de la proximité géographique de ses bases. Le printemps arabe est survenu et il n'a pas permis à Al Qaida de faire entendre sa voix. Au contraire, alors qu'Aqmi reprend des couleurs, les médias ne semblent même pas s'intéresser aux messages répétés d'Al Zawahiri. La couverture médiatique est quasi nulle. C'est à peine si les menaces d'Al Zawahiri adressées à En Nahda le 10 juin 2012 ont été commentées. Le parti islamique tunisien avait besoin de tout sauf d'une intervention d'Al Zawahiri l'appelant à faire appliquer la Charia en Tunisie et à ne pas transiger avec les apostats. En Nahda, au contraire, ne peut rien faire d'autre, en tout cas dans un premier temps, que de mettre de l'eau froide dans son eau chaude, faute de pouvoir en mettre dans son vin. Il y a peu de chance que les rappels à l'ordre d'Al Zawahiri soient appréciés, en Tunisie comme ailleurs, et c'est bien tout le problème du nouvel émir d'Al Qaida : comment s'imposer ?

Aujourd'hui, personne ne sait avec précision quels sont les chefs d'organisations terroristes qui lui ont prêté personnellement la Baya, le serment d'allégeance. Dans la zone d'influence d'Aqmi, les nouveaux groupes au-devant de la scène, tel Boko Haram au Nigeria (que l'on peut traduire par « l'éducation occidentale est interdite par l'islam »), n'ont aucune raison objective de faire allégeance à Al Qaida. Et que dire du Mali et du Niger dont les préoccupations sont si éloignées de celles d'un groupe prônant un Jihad mondial et non pas régional ? Aujourd'hui, Aqmi est plus forte qu'Al Qaida et n'a plus besoin de la maison-mère. L'on pourrait dire de même d'Aqpa. Si ce n'est que ces deux groupes sont composés d'éléments disparates que seule la bannière d'Al Qaida, son idéologie mondialiste, permet de réunir. Il n'est pas certain, dans ces conditions, que les groupes régionaux veuillent tirer un trait sur ce qui a fait l'unité du salafisme jihadiste et sa grandeur, soit une maison-mère qui reste au-dessus des divergences entre factions, des intérêts locaux et des inimitiés séculaires entre certains peuples musulmans. Les groupes terroristes garderont peut-être Al Qaida au-dessus de la mêlée pour éviter une fitna au sein de l'Oumma jihadiste. Là réside le seul avenir d'Al Qaida. La Baya prêtée le 28 février 2012 par le groupe somalien Harakat Al Shabaab Al Mujahideen à Yaman Al Zawahiri témoigne de cette aspiration à l'unité. Après avoir rappelé que l'unité de l'Oumma était requise dans le Coran : « Allah aime ceux qui combattent pour sa cause en ordre serré, tel un mur compact » (sourate As Saff-4), le groupe du grand Sud somalien a émis le vœu qu'Allah préserve Al Zawahiri « pour ses efforts à unir les armées de l'Oumma sous une seule bannière ». Le texte de cette Baya est caractéristique de la pensée salafiste jihadiste qui tend à la restauration du Califat. Or qui dit Califat dit calife. Un autre leader tentera-t-il, sous prétexte qu'il serait plus puissant, de devenir calife à la place du calife ?

L'avenir d'Ayman Al Zawahiri n'est sans doute pas entièrement entre les mains des groupes régionaux. Il est aussi entre les siennes. Al Zawahiri est à peu près dans la situation du roi de France quand ses vassaux étaient plus puissants que lui. Il lui fallait prendre le dessus d'une manière ou d'une autre. Ayman Al Zawahiri va donc devoir s'imposer rapidement, montrer qu'il est un combattant, un véritable émir. La menace est importante. S'il en a la possibilité, il tentera une action d'éclat. Soyons clairs. Cela signifie un acte terroriste d'envergure. En fait, Al Zawahiri n'a pas le choix : il ne remplacera Oussama Ben Laden dans le cœur des musulmans intégristes que lorsqu'il aura égalé les « prouesses » meurtrières de ce dernier. Mais Oussama Ben Laden a mis la barre très haut. La menace de demain n'est donc pas seulement celle du « Jihad individuel ». Les « Mohamed Merah » ne sont qu'une forme de plus du terrorisme, une mutation prouvant une faiblesse évidente. Un baroud d'honneur d'Al Qaida qui pourrait amener à sa refondation n'est pas à exclure. Pour ce faire, Al Zawahiri sait pouvoir compter sur Aqpa. La personne aujourd'hui la plus proche de lui qui soit en position d'agir efficacement en se réclamant d'Al Qaida est sans doute le chef d'Ansar Al Sharia au Yémen, Nasser Al Wuhayshi, alias Abou Bassir. Al Zawahiri l'avait confirmé publiquement, dans une vidéo de décembre 2009, comme l'émir d'Al Qaida en péninsule arabique. De plus, Abou Bassir a combattu en Afghanistan et a été pendant plusieurs années le secrétaire privé d'Oussama Ben Laden.

C'EST UNE MAISON-TOUR ACCROCHÉE À LA COLLINE

Yasser était heureux de revenir dans son pays après tant d'années passées en Afghanistan puis au Pakistan. Le Yémen lui avait manqué. Aucun pays n'était plus beau. Il était toutefois inquiet. Il s'attendait à ce que le rendez-vous soit fixé quelque part dans l'émirat islamique d'Abyan ou, à la rigueur, dans la vallée de l'Hadramaout. Que cette rencontre ait lieu à Sanaa lui paraissait dangereux même s'il savait d'expérience qu'il faut être là où l'ennemi ne vous attend pas. De toute façon, Abou Bassir avait ordonné et il n'avait qu'à exécuter. Les liens qui l'unissaient à Abou Bassir étaient tissés d'or fin. Jamais le chef d'Al Qaida dans la péninsule arabique n'oublierait que Yasser l'avait tiré des geôles de Sanaa en février 2006.

À son arrivée dans la capitale, Yasser descendit dans l'hôtel que le messager lui avait indiqué, un foundouq à « deux draps » au sud de Bab al Yaman. C'était une maison-tour traditionnelle de six étages, l'une des plus hautes de Sanaa qui concentrait, dans son architecture et sa décoration, toutes les finesses du génie yéménite. Yasser n'avait pas oublié que dans une autre vie, avant qu'il ne décide de suivre la caravane, il avait été architecte. Et cette maison-tour était superbe. Le premier étage était construit en pierres polychromes. Les assises de pierre, séparées par des ceintures, allaient du plus sombre au plus clair. Le soubassement était entièrement composé de basalte noir, puis venait une rangée de roches volcaniques d'un vert profond, suivie de laves aux teintes grises de plus en plus claires, jusqu'au dernier alignement, au premier étage, composé exclusivement de calcaire couleur crème. Les autres étages étaient bâtis en briques de terre séchées au soleil de la couleur la plus répandue à Sanaa, une teinte incertaine passant du brun au beige selon l'intensité de la luminosité. Du gypse rayonnant de blancheur sous le soleil dessinait les arrondis des encadrements des fenêtres et, au-dessus de ces takhrim, des frises peintes à la chaux dentelaient l'espace horizontal avec toute la grâce de l'Arabie heureuse. Il y avait, dans cette bâtisse, une fenêtre unique à Sanaa et peut-être dans tout le Yémen, un takhrim bleu d'azur et non pas blanc qui enserrait une plaque d'albâtre translucide. La lumière qui la traversait était d'une douceur de paradis.

Au dernier étage, le mafraj était la plus belle pièce de la maison. Un immense tapis aux tons bleutés recouvrait entièrement le sol. La pièce épousait parfaitement la forme carrée de la tour. Les coussins disposés le long des murs formaient une gigantesque banquette tout autour de la pièce. Ils étaient recouverts d'un tissu bleu océan agrémenté de fils blancs finement dentelés pour rappeler les frises de la façade. Le mafraj servait de salle de Qat. C'est là que les convives se rassemblaient vers 15 heures pour discuter et mâcher du Qat jusqu'à la nuit. Au-dessus du mafraj s'étendait une terrasse qui dominait la ville. Elle était enduite de quadâd, mélange de chaux et de sable de lave qui assurait parfaitement son étanchéité. Le quadâd avait en outre été badigeonné d'une couche de graisse animale qui lui donnait la couleur du miel de sapin.

Ce spectacle réjouissait Yasser. Sanaa était tellement plus belle que toutes les villes d'Afghanistan et du Pakistan ! Il y avait aussi ce rythme plus lent, plus favorable à la prière et la contemplation. Les dômes des mosquées de Sanaa et le sommet des minarets blancs étincelaient aux ultimes rayons du soleil avant que la ville tout entière prenne une teinte ocre. À cet instant, un grand silence s'installait et la prière du soir, lentement, doucement, puis de façon plus affirmée, comme une mélopée susurrée devenant peu à peu un chant incantatoire, finissait par emplir tout l'espace.

Yasser avait mis ses habits yéménites. Il portait une chemise blanche décorée de motifs orientaux, une jupe longue de coton blanc, une ceinture de tissu gris incrustée de pierres colorées dans laquelle il glissait une jambiya au fourreau vert amande, un blaser bleu foncé et un kéfié noir orné de liserés rouges et jaunes.

Mais les jours passaient sans nouvelle. Cela faisait bientôt deux semaines que Yasser parcourait les souks Al-Milh, de Bab Al Yaman à la grande Mosquée, et qu'il observait dans une échoppe le même dromadaire infatigable dont le harnais était relié à un mât en bois. La bête tournait, tournait autour d'un moulin en pierres pour écraser des graines de sésame à longueur de journée. Yasser pensait en le regardant qu'il était comme ce dromadaire, infatigable et poursuivant le même but, un seul but, la victoire de l'islam. Il savait que tous les discours sur le Jihad défensif n'étaient qu'une stratégie d'Al Qaida à l'adresse des populations occidentales, la taqiyya à son point culminant. Le véritable objectif, même si un jour les terres saintes étaient, grâce à Dieu, libérées de la présence impie, était d'imposer l'islam dans le monde entier. Le Jihad défensif, cette notion policée acceptable par tous les musulmans, n'était que la phase précédant le Jihad offensif. Un jour, la victoire serait totale. Allah l'avait exigé par la voix du dernier Prophète : « Combattez-les jusqu'à ce qu'il n'y ait plus de sédition et que le culte soit rendu à Dieu en sa totalité. » (Sourate VIII-verset 39). Ce jour viendrait mais ce n'était pas pour demain, se dit-il, et pour l'heure il se sentait inutile. Il ne pouvait rester indéfiniment à contempler le ciel depuis la terrasse du mafraj !

Un soir, enfin, sa patience fut récompensée. Un homme l'accosta dans le souk et lui annonça la venue d'un visiteur au foundouk. Le visiteur l'attendait et il était prié d'y retourner sur-le-champ. À son retour à l'hôtel, il gravit rapidement les marches jusqu'au dernier étage. Nassir Al Wuhayshi était là, en personne. Yasser avait tout imaginé, sauf de se retrouver en présence de l'émir.

— Salam Alaykhoum, mon très cher frère. Que Dieu te protège ! Mais quel risque insensé de venir ici, au cœur du régime apostat.

— Alaykhoum Salam. Tu y es bien venu aussi, il me semble.

— Je n'ai fait que répondre à ton ordre et ma vie est à ta disposition pour la plus grande gloire d'Allah.

— La mienne aussi est à la disposition d'Allah. Je n'ai pas peur et ce que je devais te dire, je ne voulais le confier à aucun messager. Tu es le seul qui aies ma confiance et celle de notre bien-aimé émir Ayman Al Zawahiri. Que Dieu le protège !

— Mon bras et mon cœur sont à ta disposition et à celle de notre cheikh, mais que dois-je faire ?

— Il y a longtemps, le Lion de l'islam avait envisagé lui-même de revenir au berceau de l'Arabie pour y implanter notre base. Il aurait dû le faire. Je le lui avais conseillé mais ses liens avec les services pakistanais étaient trop étroits. Il pensait ne pas pouvoir bénéficier des mêmes garanties au Yémen. Mais les choses ont changé, par la grâce d'Allah. Le régime apostat vacille. Plusieurs dignitaires nous ont contactés pour envisager une sorte de pacte de non-agression. Nous laisserions le régime moribond en place et nous serions en quelque sorte protégés. C'est pour nous une occasion unique de reconstruire une organisation solide pour repartir de l'avant et faire triompher l'islam. Mais pour ce faire, il faut commencer par quelque chose d'essentiel et c'est là que tu interviens.

— Parle et j'obéirai.

— Tu vas organiser la venue de notre cheikh Al Zawahiri dans l'émirat islamique d'Abyan.

Yasser ne sut quoi répondre. La mission que l'émir lui confiait était incroyablement difficile. Il réfléchissait déjà aux diverses possibilités mais aucune n'était véritablement satisfaisante. Abou Bassir observait Yasser et se doutait bien des doutes qui germaient dans son esprit.

— Écoute, mon frère. Notre cheikh ne peut pas rester au Pakistan. Depuis la mort du Lion de l'islam… que Dieu l'accueille à ses côtés dans le jardin des félicités…, beaucoup de membres de la Choura et des commissions l'ont suivi au Firdaws. Nos amis à l'ISI nous lâchent les uns après les autres. Tout le monde a peur. Notre cheikh n'a plus aucune marge de manœuvre au Pakistan. Il ne peut pas diriger la base. Il faut impérativement qu'il nous rejoigne au Yémen. S'il attend trop, personne ne croira plus en lui. Nous avons déjà perdu toute autorité sur nos frères au Maghreb et au Sahel. Regarde, ils font n'importe quoi au Mali. Ils n'ont aucune stratégie, aucune prévision à long terme. Ils tuent, ils pillent, ils violent. Ils s'allient à des touaregs aussi impies que des chiites. Ils ressemblent à des esclaves en révolte. Nous avons besoin de faire venir le cheikh sur la terre d'islam la plus prometteuse. Nous faisons déjà de grandes choses. Grâce à notre aide, un émirat a vu le jour au sud de la Somalie. Le reste de la Somalie et le Soudan sont à notre portée. Le Sultanat d'Oman se croit protégé mais, dès que nous serons assez forts, nous leur porterons des coups qui les feront réfléchir. Tu as l'occasion de faire quelque chose de très grand, d'infiniment utile pour la grandeur de l'islam. Je t'ai vu à l'œuvre en 2006. Tu m'as sorti des griffes du Taghout. Tu es un organisateur d'exception. Dieu t'inspire et Dieu t'inspirera encore. Ce que je te demande, c'est de conduire notre cheikh jusqu'à Al Ghaydah. Après, d'autres frères le prendront en charge. Tout est prévu.

— Je suis honoré de ta confiance mais nous devrons traverser le golfe d'Oman et longer l'océan Indien. C'est très dangereux.

— Notre cheikh le sait. Un jour ou l'autre, s'il reste au Pakistan, un drone américain le tuera. Les Américains l'ont promis.

— Bon, si Dieu le veut, nous réussirons. Je le ferai pour toi et en mémoire du martyr Aboul Hassan, émir de l'armée islamique d'Aden Abyan. Que Dieu le garde auprès de lui ! Mais il faudrait que notre cheikh se rende à Karachi. Nous ne pourrons partir que par la mer et j'ai beaucoup d'amis à Karachi.

Un large sourire traversa le visage d'Abou Bassir.

— Le cheikh est déjà à Karachi.

ÉPILOGUE :
LA DÉFINITION DU TERRORISME

Le terrorisme est une entreprise individuelle ou collective ayant pour but de troubler gravement l'ordre public par l'intimidation et la terreur.

ALEXANDRE QUI AURAIT PU ÊTRE GRAND

Ce soir, c'était son grand soir. Alexandre se sentait nerveux. Il aurait dû être léger comme l'air avec son bac en poche, à dix-sept ans à peine. Mais il avait une boule à l'estomac et la gorge sèche car Clémentine avait accepté de sortir avec lui. Il avait fait une première approche un mois plus tôt, sans succès. Il ne s'était pas vraiment pris une veste. Disons que Clémentine, avec un petit sourire, lui avait dit qu'on verrait ça après le bac. Le jour des résultats, Alexandre était venu très tôt au bahut. Il avait vu son nom sur la liste des admis sans rattrapage et, avec encore plus d'angoisse que pour lui-même, avait cherché le nom de Clémentine. Elle aussi avait eu le bac du premier coup. Alexandre était resté au bahut. Il espérait voir Clémentine. Ce n'était pas certain du tout car elle pouvait tout aussi bien être informée des résultats par une copine. Et puis Alexandre ignorait à quelle heure elle viendrait, si elle venait.

Il n'eut pas à attendre bien longtemps. À peine une demi-heure après lui, il la vit arriver avec son staff de copines. Elles étaient toujours en groupe. Ça énervait Alexandre. Pas évident de tenter une approche dans ces conditions. Et si l'une des meilleures amies de Clémentine était recalée, on était bon pour les pleurs et « vas-y que je te console ». Inutile de proposer un rencart à Clémentine. Elle l'aurait envoyé promener. En fait, tout était en train de se jouer là, à cet instant. C'est la vie d'Alexandre qui se jouait au moment où Clémentine et ses trois amies dévoraient le tableau.

Alexandre ferma les yeux. Depuis le temps qu'il attendait ce moment. « Mon Dieu, faites qu'elles soient toutes reçues ! » Alexandre était amoureux de Clémentine depuis l'âge de onze ans. Ils avaient toujours été dans la même classe et, d'une manière ou d'une autre, s'étaient toujours porté un intérêt dépassant la simple camaraderie.

Les années avaient passé. En première, Alexandre avait souffert le martyre quand Clémentine était sortie avec Arthur, un grand connard prétentieux. Évidemment, il ne savait pas trop ce qui s'était passé entre eux. Alexandre n'était pas assez bête pour croire Arthur quand celui-ci prétendait avoir « épluché » Clémentine, mais le doute lui faisait mal tout de même. Il était malheureux. Jamais il ne s'était senti aussi malheureux. Mais, quoi qu'il se soit passé, ça n'avait pas duré longtemps entre Arthur et Clémentine. Arthur prétendit qu'il l'avait larguée parce que c'était une conne. Alexandre n'avait rien dit. Mettre son poing sur la gueule d'Arthur revenait à reconnaître devant tout le bahut qu'il était amoureux de Clémentine. Tout simplement impossible.

Alexandre rouvrit les yeux quand il entendit des cris de joie. Les filles piaillaient, faisaient des petits bonds et poussaient des cris surexcités. Elles s'embrassaient, se prenaient dans les bras. Pas une larme à l'horizon. Clémentine était rayonnante. Mon Dieu qu'elle était belle avec sa petite fossette quand elle souriait, ses yeux espiègles, clairs comme de l'eau. Maintenant, il fallait choisir le bon timing, ne pas agir trop tôt, leur laisser le temps de se calmer. Avec un peu de chance, Clémentine s'écarterait à un moment ou à un autre du groupe. Ce moment ne semblait pas se dessiner. Au contraire, les filles commençaient à se diriger vers la sortie du bahut, sûrement pour aller boire un verre quelque part. Comme c'était difficile ! Alexandre prit son courage à deux mains et se dirigea vers Clémentine et son girls band. Il lui demanda s'il pouvait lui parler un moment. Elle lui dit « bien sûr » mais ne fit rien pour s'écarter du groupe. « Alors, qu'est-ce que tu veux me dire ? » lui demanda-t-elle.

Autour d'eux, ça commençait à glousser. Alors il se lança. Il lui dit qu'il aimerait aller au restau, au ciné ou n'importe où avec elle. Elle lui répondit avec un large sourire : « Ce soir, ça te va ? »

Tout s'annonçait donc parfaitement si ce n'est qu'Alexandre était angoissé comme jamais. En fait, il ne savait pas trop ce qu'il devait faire et comment ça allait se passer. Clémentine lui avait dit de venir la chercher chez elle et avait ajouté que ses parents ne seraient pas là. Depuis, cette simple phrase trottait dans la tête d'Alexandre, ou plutôt galopait. Il avait prévu de l'amener au restau puis au ciné, mais la perspective de la ramener ensuite chez elle, dans un appartement vide, le mettait quasiment dans l'obligation de tenter quelque chose. Et ça lui faisait peur. Il avait peur parce qu'il était amoureux de Clémentine mais aussi parce qu'il n'avait jamais couché avec une fille. En théorie, il savait bien ce qu'il fallait faire mais en pratique, c'était autre chose.

Sur le quai du métro, en attendant la rame qui le conduirait vers un tournant important de sa vie, Alexandre était dans l'état second, extraordinaire, où seul importe le moment que l'on va vivre, où il n'y a aucun souci à part celui d'exister pleinement. Jamais Alexandre n'avait été aussi vivant.

Le quai était baigné par la chaleur moite du mois de juillet. Machinalement, Alexandre s'avança sur le quai. Il n'était pas pressé. Il était déjà allé plusieurs fois chez Clémentine pour des anniversaires ou des fêtes d'adolescents. La première fois, c'était pour les douze ans de Clémentine. Il lui avait offert un kit de maquillage et Clémentine avait été très contente. Elle avait dansé avec lui plusieurs fois. Alexandre ne savait pas danser mais ça lui avait plu. Il savait exactement à quelle hauteur du quai se trouvait la sortie dans la station de métro de Clémentine. Il attendait donc vers le milieu du quai. Son attente ne dura pas longtemps. Il entendit le bruit puis vit la rame. Il y eut le crissement de freins. La rame s'immobilisa. À peine s'était-elle arrêtée, avant même que les portes ne s'ouvrent, que quelque chose d'indéfinissable se produisit. Il n'y eut plus d'air, juste une boule de feu et un énorme bruit. Ensuite la poussière envahit l'espace et il n'y eut plus aucun bruit pendant quelques secondes.

Ce soir-là, Clémentine trouva qu'Alexandre exagérait. Pour leur premier rendez-vous, il était en retard.

NOTES ANNEXES

Page 46.

* Il s'agit d'une histoire authentique, celle d'Human Al Balawi, mais que j'ai librement interprétée. Si j'ai modifié son nom, c'est précisément parce que j'ai voulu me mettre dans sa tête. Dès lors, je ne peux pas affirmer que cette histoire corresponde totalement à la réalité, même si je pense m'en être approché.

Page 47.

* Le nom de Beer Sheva se trouve dans la Genèse. Il signifie le « puits du serment ». C'était un puits appartenant à Abraham, mais les serviteurs d'Abimelech, roi de la ville de Guérar, qui enleva la femme d'Abraham en croyant que c'était la sœur de ce dernier, en prirent possession. Un accord fut finalement trouvé et la paix revint. En Palestine, ce n'est pas demain la veille que l'on prêtera serment pour retrouver la paix.

** Il n'est guère besoin de présenter Yasser Arafat, bon exemple de « terroriste » devenu présentable et même prix Nobel de la Paix. Georges Habache, en revanche, a peut-être été un peu oublié. Il a été le fondateur, aux côtés d'Ahmed Jibril, du Front populaire de libération de la Palestine (FPLP) qui s'est spécialisé dans le détournement d'avions à partir de la fin des années 1960, sous la direction du chef des opérations spéciales du FPLP, Wadi Haddad. Georges Habache est mort à Amman en 2008. Wadi Haddad est mort en 1978. Abou Nidal a été exécuté en 2002 par Saddam Hussein. Fondateur du Fatah conseil révolutionnaire qui s'opposait au Fatah d'Arafat, il était un mercenaire du terrorisme. Il semble qu'il se soit rapproché du Koweit après la première guerre du Golfe et que son protecteur du moment, Saddam Hussein, n'ait pas apprécié.

Page 49.
* Shahid veut dire martyr. Il est difficile de déterminer ce qu'il faut faire pour devenir martyr. Les moudjahidin qui meurent au combat sont sans aucun doute des martyrs. Par extension, tous les fidèles musulmans qui meurent de la main des mécréants semblent être considérés également comme tels. C'est le cas par exemple d'un civil dans un village palestinien ou afghan qui meurt dans un bombardement. C'est également le cas d'un musulman tué par les troupes de Bachar Al Assad. En effet, les allaouites sont considérés par les sunnites comme des mécréants, à l'instar de toutes les autres branches chiites.

Page 91.
* Même si cela fait hurler les salafistes, le Tabligh est un mouvement salafiste puisqu'il préconise le retour aux sources de l'islam, au point même de vouloir copier en tout la vie et les comportements du Prophète. Les Tablighis se caractérisent par leur approche très active de la Dawa, du prosélytisme religieux. Ils font du porte-à-porte, comme les témoins de Jéhovah, pour prêcher la bonne parole. Le Jihad armé les concerne peu et c'est sans doute pour cela que les salafistes jihadistes ne les apprécient guère.

Page 98.
* L'Hijra, c'est l'Hégire, l'émigration des premiers musulmans de La Mecque à Médine en 622. L'Hijra est considérée comme une obligation pour les musulmans. Il leur faut quitter les pays des polythéismes (Shirk) et de la mécréance (Kufr) pour aller vivre dans un pays où l'islam véritable règne et s'impose à tous.

Page 118.
* J'aurais presque envie de renvoyer le lecteur à mon premier livre, *Au cœur de l'antiterrorisme*, paru également chez Lattès, car

j'y raconte l'histoire du groupe de Roubaix. Disons, de façon très synthétique, que les fondateurs de ce groupe revenaient de Bosnie et souhaitaient continuer le Jihad en France. Ils ont commis plusieurs vols à main armée pour financer la cause, avant de placer une voiture piégée devant une bouche de métro et un commissariat à Lille, en 1996, alors que le sommet du G7 devait avoir lieu dans la ville. À l'époque, le gouvernement ne voulait plus entendre parler de terrorisme de banlieue. Nous sortions tout juste de l'affaire Khelkal. Alors, contre toute évidence, les agissements du groupe de Roubaix furent considérés comme des actes criminels de droit commun. Quelque temps plus tard, des connexions entre ce groupe et celui de Fateh Kamel, à la fois proche du GIA algérien et d'Al Qaida, furent mises en lumière. Il s'agit d'un bon exemple de dossier dans lequel le pouvoir politique est venu mettre son nez et a sensiblement compliqué le fonctionnement de la Justice.

Page 130.
* Grâce à des experts que je salue et qui m'ont bien aidé dans un dossier difficile, je sais pas mal de choses sur les missiles sol-air. Le Stinger utilisé en Afghanistan était muni d'un autodirecteur passif mono-bande. Il n'était pas très performant la nuit. C'est pourquoi je vous conseille le missile français sol-air Mistral. Avec lui, c'est « Mistral gagnant ». Il dispose d'un dispositif de visée nocturne beaucoup plus performant.

Page 137.
* J'admets que le président Reagan n'a probablement pas joué la livraison des Stingers à « plouf plouf ». Pourtant, ce n'était pas une mauvaise idée. Dans cette histoire, à mi-chemin entre la grande et la petite histoire du terrorisme, j'ai choisi de modifier les noms des participants à la réunion qui s'est effectivement tenue, à l'exception, bien sûr, du nom du président et du directeur de la CIA. Je sais que nos amis américains ont beaucoup d'humour et qu'ils ne m'en voudront pas. Il faut prendre cette histoire comme une parabole. N'en déplaise à nos islamistes, mis à part nos amis belges, les Américains sont ceux avec lesquels il est le plus agréable de travailler contre le terrorisme. Et puis je leur tire un coup de chapeau. Ils ont créé Ben Laden, mais ils

nous ont débarrassés des Soviétiques. Ce n'est pas si mal. Alors merci à Clinton, Reagan et Casey. Maintenant, une autre menace en « isme » a remplacé l'ancienne. Elle est moins redoutable mais pas négligeable. Serrons-nous les coudes.

Page 162.
* Abou Hamza débute souvent les pages de son journal par des invocations à Dieu. Tous les noms qu'il cite sont des noms utilisés pour désigner Allah. Le « Dieu absolu révélé » est désigné par 99 noms différents. Chacun correspond à des qualités particulières. Parfois, il cite des versets du Coran relatifs au Jihad. Les traductions sont l'œuvre estimable de D. Masson (Folio Classique). Il s'agit à mon avis d'une traduction facilement abordable pour un Français. Le texte est fluide, très agréable à lire. C'est un poème.

Page 196.
* La Hawala signifie « je promets » en arabe. Elle est appelée « Hundi » en zone pakistano-afghane et « Chop » en Chine. Cette dernière appellation est appropriée puisqu'il s'agit d'utiliser un réseau de commerçants pour effectuer des transferts d'argent sans déplacement physique d'argent et sans laisser de trace électronique. C'est un système de compensation. Un commerçant A doit de l'argent à un commerçant B. Pour acquitter sa dette, le commerçant A va donner la somme correspondante à une personne désignée par le commerçant B pour la recevoir.

Page 198.
* Les hommes shahids ont droit, entre autres récompenses, à 72 houries au paradis, c'est-à-dire 72 vierges. En syriaque, le mot Hour signifie « raisin blanc ». Peut-être s'agit-il donc d'une métaphore, le raisin blanc signifiant le plaisir, la récompense sucrée, l'opulence ? La langue du Coran est cependant l'arabe. Pour quelle raison le syriaque aurait-il été utilisé dans ce passage ? L'égalité homme/femme n'est pas pour demain, ni dans ce monde, ni dans l'autre.

Remerciements

Chaleur, sympathie, charme, enthousiasme, compétence et intelligence : j'ai trouvé tout cela entre les murs des éditions JC Lattès. En plaignant amèrement tous les auteurs qui n'ont pas la chance d'être édités par cette maison, je remercie toute sa remarquable équipe. Mais bon… J'ai tout de même le droit d'avoir mes préférences. Alors j'adresse des remerciements encore plus appuyés à Muriel Hees, Karina Hocine, Emmanuelle Allibert et Caroline Laurent.

Table des matières

CE VOLUME A ÉTÉ COMPOSÉ
PAR NORD COMPO

IMPRESSION RÉALISÉE PAR
CPI BRODARD ET TAUPIN
LA FLÈCHE
EN DÉCEMBRE 2012

PAPIER À BASE DE
FIBRES CERTIFIÉES

JC Lattès s'engage pour
l'environnement en réduisant
l'empreinte carbone de ses livres.
Celle de cet exemplaire est de :
650 g éq. CO_2
Rendez-vous sur
www.jclattes-durable.fr

Imprimé en France
Dépôt légal : janvier 2013
N° d'édition : 01 – N° d'impression : 71136